Alexander Pfister

Schule zeitgemäß gestalten

Von der internen Evaluation über Fundraising hin zu einem sozialen Lernen: Neue Konzepte zur Schulentwicklung

Alexander Pfister

SCHULE ZEITGEMÄSS GESTALTEN

Von der internen Evaluation über Fundraising
hin zu einem sozialen Lernen:
Neue Konzepte zur Schulentwicklung

ibidem-Verlag
Stuttgart

Bibliografische Information der Deutschen Nationalbibliothek
Die Deutsche Nationalbibliothek verzeichnet diese Publikation in der Deutschen Nationalbibliografie; detaillierte bibliografische Daten sind im Internet über http://dnb.d-nb.de abrufbar.

Bibliographic information published by the Deutsche Nationalbibliothek
Die Deutsche Nationalbibliothek lists this publication in the Deutsche Nationalbibliografie; detailed bibliographic data are available in the Internet at http://dnb.d-nb.de.

Coverbild: Image licensed by Ingram Publishing

∞

Gedruckt auf alterungsbeständigem, säurefreien Papier
Printed on acid-free paper

ISBN-13: 978-3-8382-0287-7

Printed in Germany

Für meine Schätze Paul und Pius

Inhaltsverzeichnis

Abbildungsverzeichnis

Tabellenverzeichnis

Abkürzungsverzeichnis

AI	Appreciative Inquiry
AWO	Arbeiterwohlfahrt
GS	Grundschule
HS	Hauptschule
NPO	Non Profit Organisation
SJ	Schuljahr
MS	Mittelschul*e*

Einleitende Gedanken

Schule richtig zu gestalten ist eine sehr komplexe und konstruktivistische Angelegenheit. Folglich ist auch der Begriff der klassischen Schulleitung aus heutiger Sicht n.m.E. ein in sich falscher Ansatzpunkt.
Die Aufgabenbereiche eines Schulgestalters in der heutigen Zeit sind sehr vielfältig. Grundsätzlich lassen sich zwar drei Führungsaufgaben[1] wie

- Managementaufgaben
- Leadershipaufgaben und
- pädagogische Aufgaben differenzieren.

Begriffe wie Schulentwicklung, Personalentwicklung, Entwicklung des Unterrichts, Qualitätssicherung und -entwicklung, um nur einige zu nennen, müssen dabei aber impliziert sein.

Ein Rektor einer Schule ist demnach nicht nur ein Schulleiter. Er sollte Visionär, Manager, Revolutionär, Mediator, Aquisiteur und Pädagoge sein. Seine Aufgabe darf sich nicht nur darauf beschränken, eine Schule am Laufen zu halten, sondern vielmehr muss er eine Schule zu einer lernenden Organisation hin entwickeln, und zwar mit Einbeziehung aller an ihr Beteiligter.

Michael Gorbatschow äußerste einmal:

„Wer zu spät kommt, den bestraft die Geschichte“[2].

---

1 In Anlehnung an. Schratz, Michael (2001): Pädagogisches Leadership (Studienbrief), Kaiserslautern: Zentrum für Fernstudien und universitäre Weiterbildung

2 Aussage von Michael Gorbatschow am 06.10.1989 in einem Interwiev mit Claus Richter von der ARD

Auch Schule muss in gewisser Weise einem ständigem Glasnost, „Offenheit“, und einer Perestroika, „Umgestaltung“, unterliegen. Ist das nicht der Fall, wird man „überrollt“ und ist veraltet. Als Beispiel könnte man durchaus auch die Honecker-Diktatur ansprechen. Hieraus wird metaphorisch sehr deutlich, was aus Systemen (auch die Schule ist ein System) werden kann, die zu lange an alten Ideologien festhalten.

Sehr gut macht auch ein weiteres Originalzitat von Gorbatschow (mit meinen Ergänzungen) die Sache deutlich:

„Ich glaube, Gefahren warten nur auf jene (Schulen), die nicht auf das Leben (die Anforderungen der Zeit) reagieren."[3]

In diesem Buch sollen nun an verschiedenen ausgewählten Bereichen Richtungen aufgezeigt werden, wie Schule in positiver und vielfältiger Weise zu einer dynamischen, lernenden Organisation hin gestaltet werden kann.

---

3 6. Oktober 1989, auf dem Flughafen Berlin-Schönefeld zu Erich Honecker

„Nur wer den Menschen liebt, wird ihn verstehen, wer ihn verachtet - ihn nicht einmal sehen."
Christian Morgenstern

Kapitel 1: Appreciative Inquiry als Methode für eine zeitgemäßere Evaluation in der Schule

1.1 Vorüberlegungen

Aktuelle Probleme von Organisationen (profit und non-profit) liegen vor allem im zwischenmenschlichen Bereich, in der Unsicherheit von Kontakten, Beziehungen und dem Umgang mit sich selbst. Die gesellschaftlich gegebenen Möglichkeiten der Selbstentfaltung und Selbstständigkeit stehen in ambivalentem und doch kausalem Zusammenhang zu sozialer Unsicherheit, unausgeprägtem sozialem Lernen und einem „verkrüppeltem Verständnis" von Fairness und Kooperation[4].

Evaluation in Schulen berücksichtigt oft nicht das Individuum und die geleistete Arbeit, sondern ist in der Regel von formellen Vorgaben geprägt. Ausgangspunkt für Schulentwicklung ist an vielen Schulen instrumentell-temporäre interne oder externe Evaluation bzw. die Entwicklung eines Schulprogramms.

Innerhalb eines ganzheitlichen Qualitätsmanagements muss Evaluation allerdings kontinuierlich angelegt sein und sich auf die Gesamtheit einer Schule beziehen[5]. Zeitgemäße Evaluation sollte sich *„dem Inneren der Schulentwicklung, den Individuen der Einzelschule mit ihren Wahrnehmungen, Bedürfnissen und Motivationen zuwenden[6]"*, sowie auf

---

4 vgl. Pfister, A. (2006): Die Lehrprobe - Eine Handreichung für Referendare, ibidem-Verlag

5 vgl. Bonsen, M./ Büchter, A. (2005): Studienbrief SEM0910: Sozialwissenschaftliche Forschungsmethoden für Schulevaluation, S.28

6 vgl. Krapp, A./ Ryan, R.M. (2002): Selbstwirksamkeit und Lernmotivation. Eine kritische Betrachtung der Theorie von Bandura aus der Sicht der

„Erreichtes“ aufmerksam machen. Sie sollte den Blick auf die vorhandenen Stärken, Potentiale und das Positive innerhalb einer Schule richten.
Eine Möglichkeit, dies zu tun, ist die Anwendung von **Appreciative Inquiry**[7]**.**

Innerhalb der dieses Beitrags möchte ich mich im Speziellen mit dem Thema „Appreciative Inquiry als Methode für eine zeitgemäßere Evaluation in der Schule“ beschäftigen.

Dabei sind für den Inhalt der Beitrags folgende Kernfragen relevant:

- Was ist „Appreciative Inquiry“?
- Was kann AI bei einer Anwendung im Schulsystem bewirken bzw. verbessern?
- Ist AI als Evaluationsmethode geeignet? Und wenn ja:
- Welcher Ort und Rahmen ist für die Anwendung von AI im Evaluations- und Schulentwicklungsprozess angebracht?

Die Ausführungen ordne ich in der Gesamtsicht dem Bereich der „Bildungsforschung“ zu.

Im ersten, größten Teil des Beitrags möchte ich die Methode Appreciative Inquiry umfassend darstellen. Dabei gehe ich explizit auf Begrifflichkeiten, Zielsetzungen, Prinzipien, Phasen und Durchführungsmöglichkeiten ein.

Im zweiten Teil des Beitrags werde ich an ausgewählten, exemplarischen Aspekten aufzeigen, was Appreciative Inquiry als Evaluationsmethode bei einer Anwendung im Schulsystem bewirken bzw. verbessern könnte.

Selbstbestimmungstheorie und der pädagogisch-psychologischen Interessenstheorie. In: Jerusalem, M./ Hopf, D. (Hrsg.): Selbstwirksamkeit und Motivationsprozesse in Bildungsinstitutionen. Zeitschrift für Pädagogik.

7 im Weiteren abgekürzt mit AI

Ein dritter Teil zieht ein Fazit und beschäftigt sich mit der optimalen Verortung der Methode im Evaluations- und Schulentwicklungsprozess.

Zielsetzung ist somit die Vorstellung der Methode „Appreciative Inquiry" und die Untersuchung, was die Methode für eine zeitgemäßere Evaluation im Schulentwicklungsprozess bewirken kann.

1.2 Die Change-Management-Methode „Appreciative Inquiry"

1.2.1 Hintergrund der Methode

Appreciative Inquiry umschreibt eine Change-Management-Methode, die in den 80er Jahren von David Cooperrider und Suresh Srivastva in den USA entwickelt wurde. Die methodische Innovation hat in den letzten Jahrzehnten die Disziplin der Organisationsentwicklung vor allem in den USA mehr geprägt als andere Managementmethoden[8]. AI beschreibt einen völlig neuen Ansatz, der die klassische Herangehensweise an Organisationsentwicklung in Frage stellt. Cooperrider und Srivastva[9] stellen dabei grundlegend fest, dass es bei sozialen Gebilden eine Reihe von fundamental unstabilen und organischen Bestandteilen gibt.

> *„Social phenomena are guided by cognitive heuristics, limited only by human imagination: the social order is a subject matter capable of infinite variation through the linkage of ideas and action"*[10]

Somit ist *„das Schaffen von neuen Theorien, Annahmen und Realitäten von Gruppen und Organisationen möglich und liefert Potenzial, um zur Entwicklung und Veränderung beizutragen"*[11]. Der sozialwissenschaftliche

---

8 Angelehnt an: OD Journal, Volume 18, no. 2, Summer 2000, S. 29-41

9 vgl. Cooperrider, D. L. & S. Srivastva (1987). *Appreciative Inquiry in Organizational Life*. Research in Organizational Change and Development, (1), 1, S. 129-169

10 ebd. S. 139

11 vgl. *Grieger, G. (2001)* Appreciative Inquiry – Wertschätzende Organisationsentwicklung, Online-Publikation, www.active-books.de

Hintergrund der Methode liegt dabei vor allem im Bereich der Phänomenologie und des Sozialkonstruktivismus.

In diesem Zusammenhang werden in der „klassischen" Literatur vor allem Schütz[12], Berger und Luckmann[13] sowie der Lewin-Theoretiker Gergen[14] immer wieder angeführt. Soziale Systeme, so Cooperrider, orientieren sich in die Richtung, die von der positiven Imagination der Organisationsmitglieder bestimmt wird[15]. Größte Barriere eines suboptimal funktionierenden sozialen Systems sind negative Projektionen. Immer wiederkehrende Probleme sind ergo ein Zeichen für inadäquate Projektionen[16].

1.2.2 Was will AI?

Wie so oft bei der Übertragung fremdsprachiger Fachbegriffe in das Deutsche ist keine exakte Übersetzung möglich. “It is difficult to sum up the whole of AI[17]”!
Aus dem englischen Originaltext lassen sich in Bezug auf die grundlegenden Begrifflichkeiten zusammenfassend folgende inhaltliche Entschlüsselungen treffen:

---

12 vgl. Schütz, A. (1970). On Phenomenology and Social Relations. Chicago: University of Chicago Press

13 vgl. Berger, P. & T. Luckmann (1967). The Social Construction of Reality. New York, NY: Anchor (in Deutschland (1987): Die Gesellschaftliche Konstruktion der Wirklichkeit. Eine Theorie der Wissenssoziologie. Frankfurt a. M.)

14 Gergen, K. J. (1978). Toward Generative Theory. Journal of Personality and Social Psychology, (36), S. 1344-1360

15 vgl. Cooperrider (1990). Positive Image, Positive Action: The Affirmative Basis of Organizing.
In: SRIVASTVA, S. & D. L. COOPERRIDER (Hrsg.). Appreciative Management and Leadership. San Francisco: Jossey-Bass. S. 91-125

16 vgl. Senge, P. M. (1999). Die fünfte Disziplin – die Lernfähige Organisation. In: FATZER, G. (Hrsg.). Organisationsentwicklung für die Zukunft. Köln: EHP, S. 145-178

17 vgl. Cooperrider, D. L. & D. Whitney (2000a). *A Positive Revolution in Change: Appreciative Inquiry*. In: Cooperrider, D. L., P. F. Sorrensen, JR., D. Whitney & T. F. Yaeger (Hrsg.). *Appreciative Inquiry. Rethinking Human Organization Toward a Positive Theory of Change*. Champaign, IL: Stipes.S.5

Tabelle 1: „*Appreciate*"und „*Inquire*"

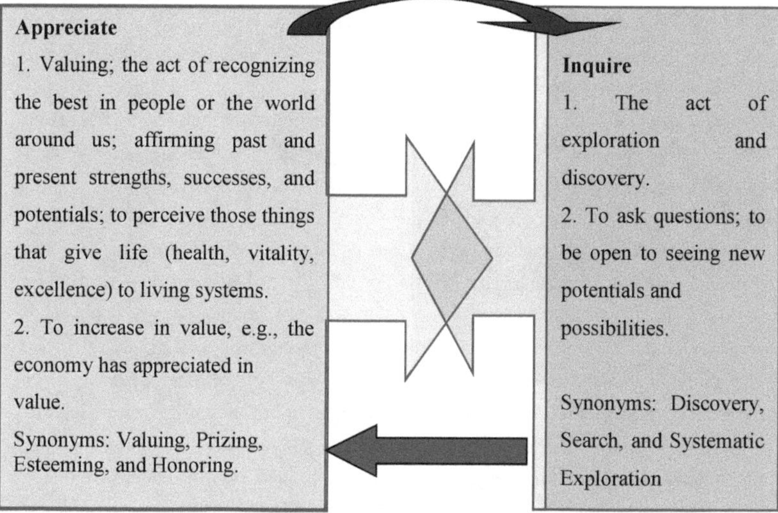

Quelle: Eigene Darstellung nach COOPERRIDER & WHITNEY&STAVROS(2008): 4f.

Aus der Zusammenstellung in Tabelle 1 kann man die enorme Bandbreite der Methode erahnen. In Deutschland wird dies oft - n.m.E. zu flach - interpretiert als wörtlich übersetzte „wertschätzende Befragung bzw. Erkundung".

Appreciative Inquiry ist allerdings mehr als das. Es ist eine explizit positiv orientierte, wertschätzende Methode der Organisationsentwicklung, welche die Mehrheit der Stakeholder einer Organisation in eine systematische Suche nach ausschließlich positiven, die Organisation betreffende Aspekte mit einbezieht, um, auf einem gemeinsamen Verständnis aufbauend, eine ideale Zukunft für die Organisation zu entwickeln.

Folgendes Beispiel gibt einen sehr praktischen Einblick zum Bereich AI wieder:

Abb.1: „Ein Bild von AI“

Stellen Sie sich zwei Berge vor, der eine in gleißendem Sonnenlicht und derandere von Nebel und Dunst verhüllt. Auf dem Berg in der Sonne befinden sich all unsere Probleme, alles, was nicht gut funktioniert, alles worüber wir uns ärgern. All das können wir unglaublich gut erkennen. Wie bei einer Fönwetterlage rückt dieser Berg nahe an uns heran, so als ob wir ihn durch ein Teleobjektiv betrachten. Auf dem anderen Berg befindet sich all das Gute, all das, worauf wir stolz sind, was wir gut können, was gut funktioniert und all die guten Erlebnisse, die wir in der Schule (d.Verf.) hatten. Doch dieser Berg ist von dichtem Nebel umhüllt. Bei der Wertschätzenden Erkundung geht es darum, diesen Nebel wegzublasen, um zu erkennen, dass es enorm viel ist, worauf wir aufbauen können. Hinter den beiden Bergen befindet sich dann noch ein dritter Berg, viel größer und entfernter. Mann kann ihn kaum sehen, da er sich im blauen Dunst nur ganz schwach abzeichnet. Er überragt die beiden vorderen Berge um ein vielfaches. Auf diesen Berg befindet sich all das, was wir als Schulorganisation (d.Verf.) einmal werden können. In der Wertschätzenden Erkundung, auch Appreciative Inquiry (AI) genannt, soll auch dieser Berg deutlicher, sichtbarer werden. Und wenn wir den großen Berg unserer auf Erfolgen aufgebauten Visionen und den kleineren Berg unserer Fähigkeiten klar sehen, dann haben wir viel mehr Energie, den Gipfel zu ersteigen.

(*Leicht verändert entnommen aus: Bonsen, M. zur /Maleh C. (2001): Appreciative Inquiry. Der Weg zu Spitzenleistungen, Beltz-Verlag Weinheim und Basel, S.7*)

Das Beispiel zeigt uns die unglaubliche Empathiefähigkeit auf, welche die Methode einzigartig macht. Es lehrt uns, dass es nicht das Offensichtliche sein muss, was uns weiter bringt, Jeder wächst an bzw. mit seinen Aufgaben und Zielen.

Im Rückblick auf die genannten Ausführungen und das Beispiel wird für die weitere Arbeit folgende Definition von AI zugrunde gelegt:

„The cooperative search for the best in the people, their organization, and the world around them. It involves systematic discovery of whar gives a system "live" when the system I most effective and capable in economic, ecological, and human terms."[18] *[sic]*

Dabei können unterschiedliche Zielsetzungen mit Appreciative Inquiry verfolgt werden - Zielsetzungen, die auch für „Non-Profit Organisationen" wie Schule v.a. im Evaluationsprozess Vorteile bringen können:

AI soll[19]

- Dynamiken entstehen lassen und bewahren.
- abwertende Urteile gegenüber anderen relativieren.
- Ressourcen aufzeigen und bestmöglich nutzen.
- Kollektive Visionen erfahrbar machen.
- Einfühlungsvermögen für die Sichtweisen der Kollegen erzeugen und Gemeinsamkeit und Unterschiede wertschätzend bewusst machen.
- Fragen stellen, die Neues, Unbeantwortetes hervorbringen.
- Gemeinschaft schaffen und Verantwortung übernehmen.
- die Vielfalt als ertragreich erkennen.
- neues Lernen schneller ermöglichen.
- die Konsequenzmechanismen hinter Erfolgen verstehen.

---

18 vgl. David L. Cooperrider, Diana Whitney, Jacqueline M. Stavros (2008): Appreciative Inquiry Handbook: The First in a Series of AI Workbooks for Leaders of Change, S.433

19 vgl. Cooperrider, D. L., Whitney, D.,(2009): Appreciative Inquiry: A New Story of Positive Change for Business and World Benefit, John Wiley & Sons Inc.

- erkennen, wie eng die sogenannten »hard« und »soft«-facts miteinander verbunden sind.
- Personen[20] (Evaluierten) ein gesundes Selbstwertgefühl geben.
- Motivieren und „Aha-Erlebnisse“ erzeugen, die ein positives Selbstbild verstärken.
- positive Beispiele aufgreifen, nachahmen, übertragen, erweitern.
- illustrieren, dass nicht alles geändert werden muss, weil auch die Vergangenheit wertgeschätzt wird.

[20] In der Arbeit wird aus Gründen der Vereinfachung die männliche Form gewählt, welche die weibliche Form mit einschließt

1.2.3 Nach welchen Prinzipien arbeitet AI?

AI arbeitet nach fünf Prinzipien, die fest miteinander verknüpft sind. Diese fünf Prinzipien *„inspired and moved the foundation of AI from theory to practice*[21]*"*.

Abb.2: Die 5 Prinzipien von AI

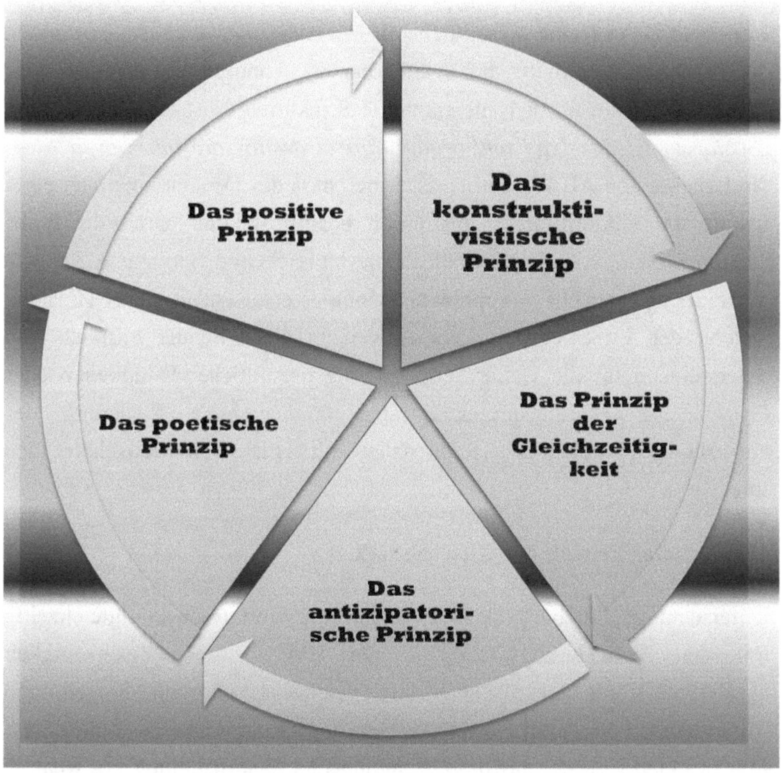

Quelle: Eigene Darstellung nach COOPERRIDER & WHITNEY & STAVROS (2008): 8ff.

21 vgl. David L. Cooperrider, Diana Whitney, Jacqueline M. Stavros (2008): Appreciative Inquiry Handbook: The First in a Series of AI Workbooks for Leaders of Change, S. 8

Alle fünf Prinzipien der Abb.2 sind dabei fest miteinander verknüpft, in ihrer Reihenfolge jedoch flexibel und müssen in Relation zueinander betrachtet werden.

1.2.3.1 Das konstruktivistische Prinzip

Wie in vielen schulischen Bereichen, so spielt auch bei AI der Konstruktivismus eine wesentliche Rolle. Ausgangspunkt ist dabei nicht die objektive Wahrheit, die evaluierbar ist, sondern die Vielzahl von Perspektiven, die für sich als sinnvolle Strukturen ernst zu nehmen sind. „*Sozial knowledge [sic] and organizational destiny are interwoven*[22]", so die Urheber von AI. Wesentlich ist dabei, dass das Denken innerhalb einer Schule die Zukunft dieser Institution beeinflusst und damit die bloße Kenntnisnahme von Sachverhalten eine hinreichende Bedingung für eine Veränderung darstellt[23]. Appreciative Inquiry erforscht in dieser Hinsicht, welche der verschiedenen Perspektiven in einer Schule hilfreich und unterstützend für die weitere Optimierung persönlicher Fähigkeiten oder Prozesse in Bildungsprojekten sein können. Die Steuerung des konstruktiven Prozesses erfolgt dabei mit Hilfe von wertschätzenden Interviews.

1.2.3.2 Das Prinzip der Gleichzeitigkeit

Untersuchung, Erhebung, Analyse und Konzeption geschehen gleichzeitig mit den Veränderungsprozessen. Das Prinzip der Gleichzeitigkeit beschreibt somit im Groben die Gleichzeitigkeit von Fragen und Veränderung. Der entscheidende Prozess liegt dabei in der Erkenntnis, dass Fragen einen Einfluss auf die Gestaltung und Wahrnehmung der Realität haben[24].

---

[22] ebd., S.8

[23] In Anlehnung an *Grieger, G. (2001)* Appreciative Inquiry – Wertschätzende Organisationsentwicklung, Online-Publikation, www.active-books.de, S.17

[24] ebd., S.18

Cooperrider fasst dies folgendermaßen zusammen:
„This principle recognizes that inquiry and change are not truly separate moments; they can and should be simultaneous. Inquiry is intervention[25]*."*

Dieser systemisch-vernetzte Ansatz analysiert im Gegensatz zu einem linear-zerlegenden Ansatz erst die Ursachen und plant dann die Maßnahmen.

1.2.3.3 Das antizipatorische Prinzip

„One of the basic theorems of the anticipatory view of organizational life is that the image of the future guides what might be called the current behavior of any organism or organization[26]*".*

Nach dieser Beschreibung des antizipatorischen Prinzips stellt Cooperrider folgenden Vergleich an:

"Much like a movie projector on a screen [...] that brings the futurepowerfully into the present as a mobilizing agent[27]*. "*

Die gedankliche Zukunftsvision, die Lehrer von z.B. ihrer Schule haben, beeinflusst entscheidend, wie sie sich bereits in der Gegenwart verhalten. AI arbeitet folglich mit Visionen, aus denen Zielformulierungen abgeleitet werden können, die nicht abstrakt zu erfüllen sind, sondern aus den eigenen Erfahrungen und Motivationen gewachsen sind.

1.2.3.4 Das poetische Prinzip

Metaphern motivieren Menschen und bilden Fixpunkte. Appreciative Inquiry orientiert sich weniger an Daten und Fakten, als an den Bildern und Emotionen, die Menschen zu Handlungen bewegen. Poetik ist individuell

---

25 vgl. D. L. Cooperrider, Diana Whitney, Jacqueline M. Stavros (2008): Appreciative Inquiry Handbook: The First in a Series of AI Workbooks for Leaders of Change, S. 9

26 ebd., S.9

27 ebd., S.9

interpretierbar. Das Prinzip der Poetik soll ausdrü cken, dass die Realität einer Schule (wörtl. "eines Unternehmens“) von vielen Autoren mitentwickelt wird und somit die Quelle für vielfältige Interpretationen ist[28]. *„Human organizations are an open book*[29]*“*stellt Cooperrider dabei fest.

1.2.3.5 Das positive Prinzip

Das Prinzip des Positiven ist das konkreteste Prinzip der Reihe. AI erkennt, dass der positive Antrieb, etwas gemeinsam zu gestalten, der stärkste Antrieb für dauerhafte Veränderung ist. Die Umsetzung von Erkenntnissen entspringt dem eigenen gestalterischen Antrieb. Cooperrider erklärt dabei konkret:

„Organizations, as human constructions, are largely affirmative systems and thus are responsive to positive thought and positive knowledge.[30]*“*

1.2.4 Der klassische Ablauf einer Appreciative Inquiry

AI ist eine Methode, die in allen profit und non-profit Organisationen an verschiedenen Stellen effektiv eingesetzt werden kann.

Im Hinblick auf den Themenschwerpunkt wird die Durchführung als Evaluationsmethode im Vordergrund stehen, obgleich sich der Ablauf in allen Bereichen und Zielsetzungen der Einsatzmöglichkeiten ähnelt.

Die Teilnehmer einer Evaluation mit Appreciative Inquiry durchlaufen i.d.R. einen linearen Prozess mit 4 Phasen, welche im Nachfolgenden in Abb.3 ersichtlich sind:

---

[28] vgl. Cooperrider, D & Whitney, D. (2000a), S.18ff

[29] vgl David L. Cooperrider, Diana Whitney, Jacqueline M. Stavros (2008): Appreciative Inquiry Handbook: The First in a Series of AI Workbooks for Leaders of Change, S. 9

[30] ebd., S.10

Abb. 3: Die Phasen einer AI

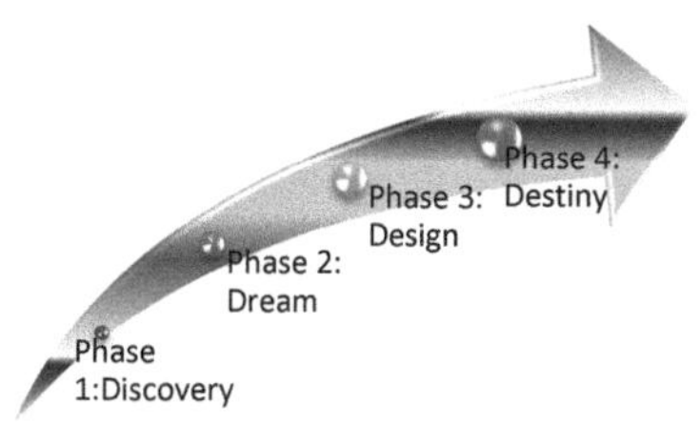

Eigene Darstellung in Anlehnung an Cooperrider & Whitney &Stavros (2008): S.101ff

Bevor man in den Prozess einsteigt, müssen zunächst die Schulleitungen bzw. Evaluatoren – alternativ dazu kann auch ein Kernteam eingesetzt werden – festlegen, wonach sie suchen und was sie erreichen wollen. Dabei wird ein sog. Interviewleitfaden entwickelt.

1.2.4.1 Phase 1: Discovery

Phase 1[31]startet mit einem Paar-Interview. Durch die Interviews wird die gesamte Organisation bzw. Institution systematisch erkundet. Dabei wird nicht nur nach den positiven Aspekten gefragt, sondern vor allem auch recherchiert, was diese positiven Aspekte erst ermöglicht hat. Dies wird überwiegend in Kleingruppen aufgeschlüsselt. Anschließend werden alle Erfolge zusammengetragen und vorgestellt.

Das Beste, was es bislang in der Organisation gibt, und das in der Zukunft ausgebaut werden soll, wird in dieser Phase identifiziert[32]. Es wird also evaluatorisch nach dem gefragt, was in einer Schulinstitution vorhanden ist. Ziele sind dabei[33]:

- Bewusstmachen und Würdigen der „Highlights".
- Verbreiten positiver Geschichten.

---

31 vgl. David L. Cooperrider, Diana Whitney, Jacqueline M. Stavros (2008): Appreciative Inquiry Handbook: The First in a Series of AI Workbooks for Leaders of Change, S. 9

32 vgl. Maleh, Carole (2001): Appreciative Inquiry-Bestehende Potenziale freilegen und für die Organisation nutzbar machen, Erschienen in: Zeitschrift für Organisationsentwicklung, Heft 01/2001, Seite 35

33 ebd. S.35

- Identifikation der Schlüsselfaktoren, die der Organisation Lebendigkeit und Erfolg bringen.
- Verändern der Wahrnehmung weg vom „vieles gelingt nicht gut" hin zu „vieles gelingt schon gut".
- Aufbau einer positiven und bejahenden Einstellung zu sich selbst, zum Arbeitsplatz und zu der Organisation.
- Stärkung von Vertrauen und Mut für die Zukunft.

1.2.4.2 Phase 2: Dream

In der Dream-Phase wird im Hinblick auf Phase 1 entwickelt, was sein könnte. Welche Visionen hat man? Welche Wünsche haben die Beteiligten für die gemeinsame Zukunft?

Es erfolgt also eine Art Zukunftswerkstatt. Je nach Fall geschieht dies beispielsweise als Vision für eine ganze Organisation mit einem Zeithorizont von fünf bis zehn Jahren oder als neue Arbeitsweise eines Teams, die gleich morgen umgesetzt werden kann[34].Die Visionen dürfen nicht utopisch sein, sondern sollen reeller Ausdruck der Wünsche und Ziele der befragten Personen sein und die von ihnen genannten und ausbaufähigen Kernfaktoren einer gut funktionierenden Schulinstitution verarbeiten. Motivation und Lust auf die Zukunft werden initiiert.

Die Zukunft, die in dieser Phase entworfen wird, soll also reell als auch visionär sein, denn sie gründet einerseits auf Beispielen aus der Vergangenheit und weist andererseits auf neue Wege hin.
Die methodische Vorgehensweise kann unterschiedlich sein. Meistens werden kreative Darstellungsformen gewählt[35].

---

34 vgl. *Zur Bonsen, M. (2006):* Appreciative Inquiry - der positive Weg der Veränderung, in: Hans Wielens, Paul J. Kothes (Hrsg.): Raus aus der Führungskrise Innovative Konzepte integraler Führung, S.135

35 ebd., S.136

Beispiele dafür können sein:

- Das Malen von Bildern.
- Das Bauen von Modellen.
- Das Vorführen von Sketchen.
- Das Gestalten von Collagen
- Beteiligte stellen ihren Zukunftsentwurf in einem „Brief an den Freund“ aus dem Jahre 20xx dar.
- Geführte Traumreisen.

Durch den Einsatz kreativer Methoden wird die Zukunft greifbar und lebendig[36].

1.2.4.3 Phase 3: Design

Während man die Phasen 1 und 2 mit „Das ist bereits vorhanden“ und „Das könnte sein“ umschreiben könnte, so geht es in dieser Phase um das, was sein soll. *„How can it be!“* formuliert Cooperrider[37]. Es geht darum, die recherchierten Visionen in klare Zukunftsaussagen umzuwandeln[38] - die Visionen auf konkrete Bereiche zuzuschneiden. Diese Ideen bilden dann innerhalb eines Evaluationsprozesses die Grundlage für Schulprogramm oder Schulprofil bzw. sind Ausgangslage für die Überarbeitung bereits vorhandener Ressourcen[39].

Die Design-Phase beinhaltet ergo die kollektive Konstruktion einer „neuen“ subjektiv angestrebten Wirklichkeit.

---

36 ebd., S.136

37 vgl. David L. Cooperrider, Diana Whitney, Jacqueline M. Stavros (2008): Appreciative Inquiry Handbook: The First in a Series of AI Workbooks for Leaders of Change, S. 9

38 vgl. Seybold, L. (2008): „Ihr Input bitte!“ in: Focus Online vom 02.12.2008, S.3

39 vgl. Ladenthin, V. (Hrsg.) (2008): Mit „Wertschätzendem Erkunden“ Ihre Schule weiterentwickeln. In: Schulleitung intern, 2008, Themenheft: ergebnisorientiert und effizient moderieren, S.9

1.2.4.4 Phase 4: Destiny

In dieser Phase geht es um die konkrete Planung der Umsetzung. Es geht um die Entwicklung von Maßnahmen und die kommunikative Übertragung und Verankerung der Ergebnisse in die Organisation als das soziale System[40].Hier wird das Schicksal der Organisation bzw. der Schule in die Hände der Beteiligten gelegt. Innerhalb einer Evaluation muss an dieser Stelle besonders überlegt werden, wie sich die Vorstellungen realisieren lassen. Auch muss hieraus evaluatorischer Sicht die Überlegung einbezogen werden, was die Maßnahmen für jeden Einzelnen bedeuten[41]. Mögliche Fragen in dieser Phase können sein:

- Was können wir konkret tun, um Rahmenbedingungen zu schaffen, welche die Zukunft unserer Institution unterstützen?

- Wie können wir die Inspiration aus den Interviews auf die ganze Organisation übertragen? bzw. Wie erschaffen wir weitere positive Energie?

Die Anlehnung an William James ist n.m.E. offensichtlich, der bereits 1902 sagte:

"Of all the creatures of earth, only human beings can change their pattern. Man alone is the architect of his destiny".

---

40 in Anlehnung an Maleh, C. (2001). Appreciative Inquiry. Bestehende Potenziale freilegen und für die Organisation nutzbar machen. In: Zeitschrift für Organisationsentwicklung (01), S. 38.

41 vgl. Maleh, C. (2000): Arbeiten mit Großgruppen-Appreciative Inquiry. In: Trainer-Kontakt-Brief 12/02 - Nr. 4

1.3 Was kann AI bei einer Anwendung bei Anwendung als Evaluationsmethode im Schulsystem bewirken?

Jane Watkins und Bernard Mohr[42] beschäftigen sich seit Jahren mit dem Einsatz von AI als Evaluationsmethode. Dabei gehen sie, wie auch Cooperrider, davon aus, dass sich AI als Evaluationsmethode auf mehrere Grundannahmen stützt. Die erste Grundannahme ist, dass Interventionen in menschliche Systeme schicksalhaft sind und die Systeme sich in die Richtung entwickeln werden, in die die erste Frage gestellt wird[43]. In einer Evaluation mit AI ist die erste Frage, die sich auf Episoden von best practice, positiven Augenblicken, kapitalsten Lernerfolgen, ... zentriert, entscheidend. Diese Zentrierung ermöglicht es dem System Schule, seine Erfolge zu sehen und eine positive Vorstellung in der Zukunft, auf der Grundlage der positiven Erfahrungen aus der Vergangenheit, zu entwickeln[44]. Im Folgenden nun weitere positive Faktoren von AI als Evaluationsmethode.

1.3.1 AI als Triebwerk von Schulentwicklung

AI stellt auf Grundlage einer konsequenten Schulentwicklung eine Evaluationsmethode und Haltung dar, die im Hinblick auf umfassende Schulentwicklung positive Veränderung schaffen und diese vorantreiben kann. Dies lässt sich dadurch begründen und feststellen, dass AI

- partizipativ und Perspektiven orientiert,
- Ressourcen orientiert,
- Werte orientiert,
- systemisch und
- nachhaltig ist[45].

42 vgl. Watkins, J, M. and Bernard J. M.. Appreciate Inquiry: Change at the Speed of Imagination. New York: Wiley, 2001

43 ebd.

44 eigene Interpretation in Anlehnung an Watkins und Mohr 2001

45 vgl. David L. Cooperrider, Diana Whitney, Jacqueline M. Stavros (2008): Appreciative Inquiry Handbook: The First in a Series of AI Workbooks for Leaders of Change

Diese Punkte stellen essentielle Faktoren einer stetigen Schulentwicklung dar! Im Einzelnen bedeutet dies:

AI als Evaluationsmethode ist

- die stetige Zusammenarbeit aller an Schulentwicklung Beteiligter, sowie der rege Austausch von unterschiedlichen Perspektiven.
- die Nutzung der Ressourcen und Motivationen Aller.
- die Annahme der Ganzheitlichkeit des menschlichen Wesens und die daraus resultierende Wertebasis ohne Moralanspruch.
- die systemische Anlage der Methode mit permanenter Sicht auf Vergangenheit, Gegenwart und Zukunft – als Basis einer nachhaltigen Entwicklung.

Somit kann man AI in der Evaluation durchaus als Triebwerk einer positiven und ganzheitlichen Schulentwicklung bezeichnen.

1.3.2 AI als Methode zum Abbau von Lehrerängsten

Mit Evaluation verbinden Lehrkräfte oft sehr negative Assoziationen. Vielfach entstehen Ängste und die Evaluation wirkt wie eine Bürde. Vor allem bei der Implementierung der externen Evaluation, spielen Akzeptanzfaktoren oft eine wesentliche Rolle[46].
Besonders Lehrerängste spielen in diesem Zusammenhang eine entscheidende Bedeutung[47].

---

46 vgl. Didier Vaccaro (2007) Evaluationsbezogene Lehrerängste und ihre potenzielle Bedeutung für die Akzeptanz externer Evaluation (Eine qualitative Studie) in: Schulleitung heute 1/07 ISSN 1864- 8096 · 29.5. 2007

47 vgl. Lukesch, H. (2000). LehrerInnenaengste [PDF]

Diese können in verschiedenen Bereichen liegen[48]:

Abb. 4: Lehrerängste im Vorfeld einer Evaluation

(Eigene Darstellung in Anlehnung an Didier Vaccaro Evaluationsbezogene Lehrerängste und ihre poten-zielle Bedeutung für die Akzeptanz externer Evaluation (Eine qualitative Studie) in: Schulleitung heute 1/07)

Die Abbildung zeigt eindeutig, dass Situationsängste, Effektängste und Ängste das Selbstbild betreffend vor allem bei der externen Evaluation allgegenwärtig sind. Denn „beurteilt" zu werden gilt innerhalb des Schulsystems bislang immer noch als Zeichen dafür, dass man noch nicht reif, noch nicht fertig ausgebildet ist – auch wenn der Kern der Evaluation ein ganz anderer ist.

Lehrer gehen dann in die „natürliche Schutzposition" der Ablehnung. AI kann an diesem Punkt helfen, denn bei AI muss man sich nicht verteidigen, weil es keine Situation des Verteidigens gibt. Wie bereits oben in der

(http://rpss23.psychologie.uniregensburg.de/download/lehre/always/lehrerInnen_aengste.pdf) (Stand: 4.11.2002), gesichtet am 01.02.2009

48 vgl. Jehle, P., Lebkücher, A., Seidel, G. (1994). Ursachen berufsbezogener Ängste von Lehrerinnen und Lehrern aus Lehrersicht. Zeitschrift für internationaleerziehungs- und sozialwissenschaftliche Forschung 11(1), S. 141-164.

Vorstellung der Methode dargelegt, wird von positiven Momenten ausgegangen. Es wird das angeführt, was toll, was erfolgreich ist. Jeder Einzelne wird intrinsisch motiviert und zwar durch eigene Leistungen, die er allein oder die Schule als Kooperationssystem geleistet hat.

Das Selbstwertgefühl wird gestärkt und eine subjektive Idealisierung vermieden. Gleichzeitig wird eine positive Feedbackkultur entwickelt und der wichtige Aspekt der Kommunikation gefördert. Weiterhin wird n.m.E. die Lust auf Neues angeregt und auch hier in der Konsequenz der Schulentwicklungsprozess gefördert. Bei der Vorstellung der AI-Methode im Lehrerkollegium können somit Lehrerängste minimiert und abgebaut bzw. sogar in Vorfreude umgewandelt werden.

1.3.3 Konsensorientierte Mitarbeiterförderung durch AI-Evaluation

AI als Evaluationsinstrument dient n.m.E. der gezielten Förderung von Mitarbeitern, da die Methode in positiver Weise die IST-Analyse vollzieht und so einen eleganten Bogen zur „Destiny"-phase vollziehen kann. Dadurch kann in Bezug auf die Zukunftsvisionen der Schule sehr leicht eine Bildungsbedarfsanalyse auf Transferbasis vollzogen werden. Man legt also geeignete Fortbildungsmaßnahmen fest, die dem Ausgleich der Differenz hin zur Zukunftsvision dienen. Dies ist eine sehr positive und n.m.E. höchst konstruktivistische Herangehensweise zur Bildungsbedarfsermittlung. Im Gegensatz zu den üblichen, negativ belasteten Fragestellungen[49], wie z.B. „Was müssen wir verbessern?", „Was fehlt unserer Schule?", „Wo haben wir Mängel?",..., geht man von den positiven Wünschen und Erfolgen der Kollegen und der Schule aus und nimmt diese als Basis für Weiterentwicklung.

---

[49] vgl. Landwehr, N. / Steiner, P.: Grundlagen der externen Schulevaluation. Verfahrensschritte, Standards und Instrumente zur Evaluation des Qualitätsmanagements; NW EDK Sept. 2001

Auch in Deutschland wird diese Vorgehensweise z.B. unter dem Namen Zukunftswerkstatt in leicht abgeänderter Weise bereits an einigen Schulen durchgeführt.

Die Evaluierung der Qualifizierungsmaßnahmen bzw. das Fortbildungscontrolling an sich ist dann ebenfalls wieder sehr leicht durch AI-Prozesse[50] zu durchleuchten. Ganz entscheidend bei diesem Punkt ist, dass die Förderung der Mitarbeiter aus einer AI-Evaluation heraus nicht eine aufgesetzte und angeordnete Schulleiterentscheidung ist, sondern einen vom Kollegium getragenen, nicht erzwungenen Konsens darstellt.
Dies stellt n.m.E. einen weiteren zeitgemäßen Aspekt dar, der für AI als Evaluationsmethode spricht.

1.4 Fazit und Verortung der AI-Methode

Obgleich in der Literatur auch negative Einzelmeinungen und Aspekte zu AI existieren – z.B. die von Golembiewski[51]geäußerte Meinung, dass die ausschließliche Ausrichtung auf positive Aspekte zu einseitig sei – überwiegt n.m.E. der aus der Methode zu ziehende Nutzen. Lehrer und Kollegien im Evaluationsprozess werden durch AI begeistert. Sie konstruieren ein positives Selbstbild, das sowohl ihre Arbeit, als auch ihre Zukunft bereichert und stehen dazu. Das wirkt sich n.m.E. sowohl auf die Einstellung zu neuen Zielen aus, als auch auf den Identifikationsprozess mit dem System Schule bzw. dem „organizational life“ als solches. Grundlegend für diese positive Implementierung ist neben der Methode selbst mit all ihren Facetten das AI-ABC[52]:

A – Appreciative understanding of your organization
B – Benchmarked understanding of other organizations
C – Creative construction of the future

---

50 vgl. Kapitel 1.2.4 ff.

51 vgl. Golembiewski, R.T. (2000). Three Perspectives on Appreciative Inquiry. Organization Development Practitioner, (32), 1, S. 54

52 vgl. Cooperrider, D.L. (1996)*Resources for Getting Appreciative Inquiry Started: An Example OD Proposal.* Organization Development Practitioner, (28), 1 & 2: S.25

Der vielerorts angesprochene Zielkonflikt[53] zwischen Wissenschaft und Pragmatismus bei der Unterscheidung von Prozess- und Ergebnisqualität kann durch Appreciative Inquiry fast vollständig entschärft werden. Schließlich erkennt das auf sozialwissenschaftlichen Forschungsmethoden basierende Konzept von AI die Standards einer Evaluation an, ist systematisch, transparent und nachvollziehbar.

Aus all diesen Punkten, sowie aufgrund der aufgelisteten Vorteile im Teil 2 der Ausführungen bin ich der Meinung, dass AI als Evaluationsmethode in der Schule zeitgemäß und angebracht ist. Desweiteren hat das Konzept die Vorteile vieler angewendeter Evaluationsmethoden ohne deren Nachteile (wie z.B. Frustrationsaufbau, Erzeugung von Ängsten, standardisierte Vorstellungen und Schubladendenken).

Für die genaue Verortung der Methode möchte ich kurz auf Preskill und Coghlan[54] eingehen, welche die Anwendung von Appreciative Inquiry nach vielen Untersuchungen in folgendenSituationen empfehlen[55]:

wenn bisherige Evaluations-bemühungen fehlgeschlagen sind.	innerhalb einer feindlichen oder launischen Umgebung.
wenn es bei den Mitarbeitern oder Teilnehmern Vorbehalte oder Skepsis gegenüber Evaluation gibt.	wenn Veränderungen beschleunigt werden sollen.
in der Arbeit mit Gruppen, die sich untereinander oder das zu evaluierende Programm nicht gut kennen.	wenn der Dialog kritisch ist, um eine Organisation nach vorne zu bewegen.

53 vgl. Bonsen, M./ Büchter, A. (2005): Studienbrief SEM0910: Sozialwissenschaftliche Forschungsmethoden für Schulevaluation, S.27

54 vgl. Presskill, H &Coghlan A T (Eds) 2004, Appreciative Inquiry in Evaluation: New Directions for Evaluation, Jossey-Bass

55 in Anlehnung an ebd.

wenn sich die Beziehungen zwischen Individuen und Gruppen verschlimmert haben und es keinen Hoffnungsschimmer mehr gibt.	wenn es den Wunsch gibt, Evaluationsressourcen aufzubauen und Evaluierungspraxis zu erfahren.
wenn es den Wunsch gibt, Kollegialität und Kooperation unter den Teilnehmern zu fördern.	wenn es insgesamt wichtig ist, die Unterstützung für Evaluation zu erhöhen, damit ein Programm, Projekt evaluiert wird.

Nicht nur aus dieser Zusammenstellung geht hervor, welches große Anwendungsspektrum die Methode des AI besitzt. Auch innerhalb von Evaluationsprozessen ist die Einsatzfähigkeit vielfältig. So kann AI als Evaluationsmethode zur Vorbereitung einer Evaluation, als interne oder externe Evaluations, zur Unterstützung einer externen oder internen Evaluation angewendet werden. Die Verortung ist folglich Schul- und Situationsspezifisch zu ermitteln und auf Basis des jeweiligen Ergebnisses zuzuschneiden.

AI ist n.m.E. zeitgemäß, kann aktuelle Methoden unterstützen, verbessern oder ersetzen und ist als Methode im Evaluationsprozess eine äußerst interessante Option.

„Große Vergangenheit verpflichtet,
sie verpflichtet zum Streben nach gleich großer Zukunft.“
Konrad Adenauer

„Das Leben besteht
aus vielen kleinen Münzen,
und wer sie aufzuheben weiß,
besitzt ein Vermögen"
Jean Anouilh

Kapitel 2: Entwicklung eines theoretischen Fundraising-Konzepts am Beispiel der MS Strullendorf

2.1 Bedeutung der Thematik

Finanzmittel werden immer knapper. Auch oder besonders öffentliche Schulen können sich vor dieser Entwicklung nicht verschließen. Dabei werden Schulen bei tendenziell sich verschärfender Mittelknappheit und dem daraus resultierenden Druck in Selbsthilfe eigene Finanzierungsquellen erschließen müssen[56]. Aufgrund von Umfrageergebnissen des Instituts für Schulentwicklung der Universität Dortmund kann schlussgefolgert werden, dass die Öffentlichkeit eine überwiegend positive Einstellung zu Mitteleinwerbungen durch Schulen hat[57]. Auch wenn Kritiker[58] der Eigenfinanzmittelerschließung argumentieren, dass *„der Staat versuchen könnte, sich in dem Maße aus seiner Förderpflicht zurückzuziehen in dem private Geldgeber spendabel seinen[59]"* oder *„dass die Grenzen zwischen [...] Spenden und eigennützigen Hintergedanken fließend seien[60]"*, so muss doch eine Zurückhaltung oder gar ein kategorischer Ausschluss der Eigenmittelaquirierung in Frage gestellt werden. Wenn Schulbehörden Strategieentwicklung und extensive Schulentwicklungsarbeit

---

56 vgl. Böttcher, W./Meetz, F. (2007): Fundraising und Sponsoring an deutschen Schulen in: Pfundtner, R.,(Hrsg): Grundwissen Schulleitung, Verlag Luchterhand , Köln, Neuwied, S.318

57 vgl. Kanders, M. (2004): IFS-Umfrage: Die Schule im Spiegel der öffentlichen Meinung.Ergebnisse der 13. Repräsentativbefragung der bundesdeutschen Bevölkerung. In: Holtappels, H.G. et al. (Hrsg.): Jahrbuch der Schulentwicklung Band 13. Weinheim/München, S.13ff.

58 In der Arbeit wird im Folgenden aus Vereinfachungsgründen die männliche Form verwendet, welche die weibliche Form mit einschließt.

59 vgl. Unger, A. (2007): Die Sterntaler von Kassel, in: Die Zeit vom 21.06.2007, gesichtet im Internet www.zeit.de/2007/26/C-Sponsoring am 11.05.2009

60 ebd.

fordern ohne dabei Ressourcen zur Verfügung zu stellen[61], welche anderen Möglichkeiten bleiben den Schulen denn dann?

Schulqualität muss für Schulen oberste Priorität haben. Man muss Wege suchen, die Finanzierungslücken zu schließen[62]. Ein Fundraisingkonzept kann dabei eine große Hilfe sein. Warum sollte man diese Möglichkeit dann nicht auch für Schulen, wie z.B. die MS Strullendorf, nutzen, um zusätzliche Ressourcen zu eröffnen?

Fundraising bedarf allerdings einer professionellen Konzeption und Umsetzung, um nachhaltige finanzielle Erfolge zu erzielen. Der Markt für Fundraising ist für Schulen ein noch junger, nicht voll entwickelter Markt. Als wichtiger Grundsatz muss dabei gelten:

„*People do not give to people. They give to people with causes*“[63].

Innerhalb dieses Beitrags soll es nun im Speziellen um das Thema „Entwicklung eines theoretischen Fundraising-Konzepts für die Mittelschule Strullendorf“ gehen.
Dabei sind für den Inhalt folgende Kernfragen relevant:

- Wie ist Fundraising und Sponsoring voneinander abzugrenzen?
- Wie ist Fundraising für Volksschulen in Bayern rechtlich und steuerlich einzuordnen?
- Wie könnte ein theoretisches Fundraisingkonzept für die MS Strullendorf aussehen?

Die Ausführungen ordne ich in der Gesamtsicht dem Bereich der „Schulentwicklung“ zu.

---

61 vgl. Dubs, R. (2005): Führung einer Schule: Leadership und Management, xxxxx Stuttgart, S.58

62 vgl. Dörfler, V. (2007): Dienstleistungsbetrieb Schule: Konsequenzen für das pädagogische Management, Verlag Martin Meidenbauer, München, S.76

63 vgl. European Commission (2008), Engaging Philanthropy for university research. Luxembourg S. 1

Im ersten Teil geht es um die Abgrenzung von Fundraising zum Sponsoring. Dabei sollen aus den gewonnenen Erkenntnissen Folgerungen für die Thesis gezogen werden.

Im zweiten Teil wird die schulrechtliche und steuerliche Situation für Volksschulen in Bayern im Hinblick auf Fundraising kurz dargestellt

Ein dritter Teil soll sich nun mit der Ausarbeitung eines Fundraisingkonzepts beschäftigen und dabei konkret am Beispiel der MS Strullendorf praktische Möglichkeiten der Umsetzung aufzeigen. Dabei soll versucht werden, in Anlehnung an erfolgreiche Konzepte, einen eigenen Fundraisingkreislauf aufzustellen. Die Einzelheiten des Kreislaufs werden anschließend Punkt für Punkt theoretisch abgearbeitet, so dass die MS Strullendorf anhand dieses Schemas Fundraising betreiben kann.

Im vierten Teil werden die Ergebnisse und Folgerungen kurz zusammengefasst. Dabei wird auch auf den ethischen Aspekt beim Fundraising eingegangen.

Zielsetzung ist somit die Erstellung eines theoretischen Fundraisingkonzepts für die MS Strullendorf.

2.2 Abgrenzung von Fundraising und Sponsoring

Oftmals trifft man in der Literatur bzw. im wissenschaftlichen Diskurs immer wieder auf die Ansicht, dass Fundraising und Sponsoring einander gleich zu setzten wären. Besonders aber im Bereich von Schule als einer Non-Profit-Organisation[64] kommt der genauen Unterscheidung erhebliche Bedeutung zu.

2.2.1 Sponsoring

Sponsoring bedeutet nach Bruhn – und dies ist der meistzitierte Autor zum Thema Sponsoringdefinierung - *„die Planung, Organisation, Durchführung und Kontrolle sämtlicher Aktivitäten, die mit der Bereitstellung von Geld, Sachmitteln oder Dienstleistungen durch Unternehmen zur Förderung von Personen und/oder Organisationen im sportlichen, kulturellen und/oder sozialen Bereich verbunden sind, um damit gleichzeitig Ziele der Unternehmenskommunikation zu erreichen[65]."*

Wichtig ist hierbei v.a. der Teil, bei dem die gleichzeitige Verwirklichung von Zielen der Unternehmenskommunikation angesprochen wird. Daraus geht explizit hervor, dass Sponsoring auf dem Prinzip von Leistung und Gegenleistung basiert. Die Schule verpflichtet sich beim Sponsoring für eine Geld- oder Sachzuwendung eine Gegenleistung zu erbringen. Ob diese Gegenleistung nun Werbung auf der Schulhomepage, Plakate im Schulgebäude, Zeitungswerbung oder ähnliches ist, ist dabei sekundär. Wichtig ist, dass aus Unternehmersicht bestimmte Ziele für das Unternehmen erreicht werden sollen.

2.2.2 Fundraising

"Fundraising is the gentle art of teaching the joy of giving[66]", so umschreibt Henry A. Rosso, der Gründer der US amerikanischen Fund Raising School, methaphorisch diesen Begriff. Wenn auch der Kern der Gelderaquirierung sehr

64 im weiteren abgekürzt mit dem Kürzel NPO

65 vgl. Stauss, B./Bruhn,M. (Hrsg) (2008): Dienstleistungsmarken 2008, Gabler Verlag, Wiesbaden

66 vgl. Rosso, H. & Associates(2003): Hank Rossos Achieving Excellence in Fund Raising. Jossey-Bass, San Francisco

gut interprediert werden kann, so läst diese Definition doch noch einigen Spielraum.

Fabisch wird hier konkreter, wenn sie folgendermaßen definiert:*„Fundraising ist die strategisch geplante Beschaffung sowohl von finanziellen Ressourcen als auch von Sachwerten, Zeit (in Form ehrenamtlicher Mitarbeit) und Know-How zur Verwirklichung von am Gemeinwohl orientierten Zwecken unter Verwendung von Marketingprinzipien"*[67].

Prof. Dr. Dr. Ulli Arnold geht die Begrifflichkeit eher ressourcenbezogen an, wenn er Fundraising damit beschreibt, dass es sich um *„alle Maßnahmen, die sozialwirtschaftliche Organisationen ergreifen, um den Zufluss der für die Funktionsfähigkeit und Existenzerhaltung erforderlichen Ressourcen – insbesondere der Finanzmittel – sicherzustellen*[68]*"* handelt.

Michael Urselmann definiert Fundraising als die *„Beschaffung von benötigten Ressourcen, ohne dass die Organisation dafür eine marktadäquate materielle Gegenleistung erbringen muss*[69]*".* Er betont hier i.G.z. Fabisch und Arnold noch den Aspekt der Gegenleistung. Dies ist n.m.E. v.a für eine NPO sehr entscheidend, da es ein Hauptunterscheidungsgrund zum Sponsoring ist. Urselmann benennt in diesem Zusammenhang v.a. die Bedeutung der immateriellen Gegenleistung[70], zu denen er sowohl altruistische, als auch egoistische Bereiche zählt[71]. Die Überlegungen Urselmanns weisen n.m.E darauf hin, dass Fundraising systematischer Planung, Durchführung und Kontrolle bedarf.

---

67 vgl. Fabisch N. (2006): Fundraising, Spenden, Sponsoring und mehr…, 2. Aufl., München, S.7

68 vgl. Arnold, U./Maelicke,B. (Hrsg.) (2008): Lehrbuch der Sozialwirtschaft, 3.Auflage, Nomos Verlag, S.374

69 vgl. Urselmann, Michael (2002): Fundraising. Erfolgreiche Strategien führender Nonprofit Organisationen. 3. Auflage, Bern/Stuttgart/Wien: Paul Haupt, S.21

70 ebd., S.17

71 ebd., S.17

2.2.3 Folgerungen für die Thesis

Für diese Arbeit grundlegend wird im Folgenden in starker Anlehnung an Urselmann Fundraising gesehen als

- systematische Konzeption, Ausführung und Evaluation
- sämtlicher Aktivitäten einer Schule,
- welche darauf abzielen, alle benötigten Ressourcen (Geld-, Sach-, Dienstleistungen)
- ohne marktadäquate, materielle Gegenleistung zu beschaffen.

Aus den Definitionen zum Sponsoring und Fundraising lässt sich ebenfalls erkennen, dass Schule immer Fundraiser ist und kein Sponsor im Sinne der Mittelbeschaffung sein kann. Bötcher[72] erklärt dazu explizit, dass „*Schulsponsoring das ist, was ein Unternehmen macht, wenn es eine Schule fördert, nicht das, was die Schule macht, wenn sie extern Förderer sucht*[73]". Im Weiteren kann also die MS Strullendorf als Fundraiser sehr wohl Empfänger einer Sponsoringleistung eines Unternehmens sein. Im Einzelnen muss dann die Erwartung des Sponsors im Hinblick auf die Definition von Fundraising abgeklärt werden.

Da die NPO Empfänger einer Leistung ist, muss an dieser Stelle noch geklärt werden, was eine Leistung sein kann. In dieser Hinsicht wird für die Arbeit Leistung gesehen als Geldspende, Arbeitskraft, Rabatte. Wer die Schule aus seinem privaten Vermögen unterstützt ist hingegen ein Mäzen.

Der Titel dieses Beitrags *„Entwicklung eines Fundraising-Konzepts am Beispiel der Mittelschule Strullendorf zum Ausbau der Ganztagesklassen"* ist somit eindeutig und begründet. Die Betitelung als „Sponsoringkonzept" wäre in sich falsch und unlogisch.

---

72 vgl. Bötcher, J.U. (2006): Geld liegt auf der Straße-Fundraising und Sponsoring für Schulen, Schulmanagement konkret, Band 6, Wolters Kluver, München

73 ebd., S.25

2.3 Fundraising an Schulen: Schulrechtliche und steuerliche Situation für Volksschulen in Bayern

In den letzten Jahren ist aufgrund der Finanzknappheit der Bundesländer der Erhalt von Zuwendungen externer Unterstützer sehr beliebt geworden.

In Bayern gibt es hierbei folgende rechtliche Regelungen:

Art. 84 BayEUG[74]. Kommerzielle und politische Werbung

(1) [1] Der Vertrieb von Gegenständen aller Art, Ankündigungen und Werbung hierzu, das Sammeln von Bestellungen sowie der Abschluss sonstiger Geschäfte sind in der Schule untersagt. [2] Ausnahmen im schulischen Interesse insbesondere für Sammelbestellungen regelt die Schulordnung.

*(2) **Politische Werbung** im Rahmen von Schulveranstaltungen oder auf dem Schulgelände **ist nicht zulässig**.*

(3) [1] Schülerinnen und Schüler dürfen Abzeichen, Anstecknadeln, Plaketten, Aufkleber und ähnliche Zeichen tragen, wenn dadurch nicht der Schulfriede, der geordnete Schulbetrieb, die Erfüllung des Bildungs- und Erziehungsauftrags, das Recht der persönlichen Ehre oder die Erziehung zur Toleranz gefährdet wird. [2] Im Zweifelsfall entscheidet hierüber die Schulleiterin bzw. der Schulleiter. [3] Die bzw. der Betroffene kann die Behandlung im Schulforum verlangen.

§ 24 VSO Sammlungen und Spenden[75]

*(1) [1] In der Schule sind Sammlungen **für außerschulische Zwecke** und die Aufforderung an die Schülerinnen und Schüler, sich an Sammlungen in der Öffentlichkeit zu beteiligen, unzulässig. [2] Ausnahmen kann die Schulleiterin oder der Schulleiter im Einvernehmen mit dem Schulforum, an Grundschulen im*

---

74 vgl. Bayerisches Gesetz über das Erziehungs- und Unterrichtswesen (BayEUG) in der Fassung Bekanntmachung vom 31. Mai 2000 (GVBl S. 414, ber. S. 632, BayRS 2230-1-1-UK), zuletzt geändert durch Gesetz vom 22. Juli 2008

75 vgl. Schulordnung für die Grund- und Hauptschulen (Volksschulen) in Bayern in der Fassung vom 11.September 2008

Einvernehmen mit dem Elternbeirat, genehmigen. [3] *Unterrichtszeit darf für Sammlungstätigkeiten nicht verwendet werden.*

(2) ***Spenden der Erziehungsberechtigten für schulische Zwecke dürfen*** *von der Schulleiterin oder dem Schulleiter und von Lehrkräften und Förderlehrerinnen und Förderlehrern* ***nicht angeregt oder beeinflusst werden****.*

(3) [1] ***Wird durch erhebliche Zuwendungen Dritter die Schule bei der Erfüllung ihrer Aufgaben unterstützt oder die Herstellung oder Anschaffung für Erziehung und Unterricht förderlicher Gegenstände ermöglicht, kann auf Antrag der oder des Dritten hierauf in geeigneter Weise hingewiesen werden.*** [2] ***Unzulässig ist*** *eine über die Nennung der zuwendenden Person oder Einrichtung, der Art und des Umfangs der Zuwendung hinausgehende* ***Produktwerbung.*** [3] ***Die Entscheidung trifft die Schulleiterin oder der Schulleiter nach Anhörung des Schulforums****, bei Grundschulen nach Anhörung des Elternbeirats.*

Die rechtlichen Regelungen zeigen, dass Fundraising und Erhalt von Leistungen grundsätzlich zugelassen ist. Oder implizit nicht konkret verboten ist. Dabei macht das bayerische Schulrecht explizit folgende Einschränkungen, die sich auf die Planung dieses Konzepts v.a. im Bereich der Marktanalyse auswirken werden:

- Keine politische Werbung
- Eingenommene Mittel dürfen nicht für außerschulische Zwecke benutzt werden.
- Keine Spendenaufforderung an Erziehungsberechtigte, d.h. aber implizit, dass Eltern auf die Schule zukommen können.
- Dritte dürfen der Schule Zuwendungen für schulische Zwecke anheimkommen lassen
- Keine Produktwerbung durch die Schule
- Einbeziehung des Schulforums

Steuerlich ist zu erklären, dass die MS Strullendorf eine öffentliche Schule ist. Öffentliche Schulen, die eine Körperschaft des öffentlichen Rechts darstellen, treten steuerlich nicht in Erscheinung[76]. Selbst bei Einnahmen von über 30.678 Euro, wodurch eine Institution rechtlich zum Gewerbetreibenden wird, wird Schule unter bestimmten Voraussetzungen kein Betrieb gewerblicher Art[77]. Diese Voraussetzungen sind[78]:

- Auffällige Hinweise auf den Sponsor, z.B. auf der Schulhomepage (Verlinkung)
- Aktive Beteiligung an den Werbemaßnahmen des Sponsors.
- Produkte des Sponsors anwerben oder verkaufen.

Diese Punkte sind bei der Konzepterarbeitung zu beachten.

Neben den genannten Einschränkungen werden in Anlehnung an den Leitfaden für die Fördermittelgewinnung an Schulen des Landes Schleswig-Holstein für diese Arbeit noch folgende n.m.E. auch für unsere bayerische Schulen wichtigen Punkte zugrunde gelegt[79]:

- Die Interessen des Sponsors müssen mit den pädagogischen Zielen und dem Bildungs- und Erziehungsauftrag der Schule vereinbar sein.
- Der ordnungsgemäße Schulbetrieb darf nicht gestört werden.
- Die Rechte der Schüler, Eltern und Lehrer dürfen nicht beeinträchtigt werden.
- Der Sponsor darf seine Leistungen nicht mit Forderung einer Exklusivitätsklausel verbinden.
- Es dürfen für die Schule durch die Zuwendung keine Folgekosten entstehen.
- Der Jugendschutz muss gewährleistet sein.

---

76 vgl. Peters, M. (2008): Geld für ihre Schule, Verlag an der Ruhr, Mühlheim an der Ruhr, S.77

77 ebd., S.77

78 ebd, S.77/78

79 vgl. Ministerium für Bildung, Wissenschaft, Forschung und Kultur (Hrsg) (2003): Schulsponsoring – ein Leitfaden für Schulen, Schulträger und Schulförderer, Kiel, S.8/9

2.4 Konzepterarbeitung für die MS Strullendorf

Die Entwicklung eines schlüssigen Konzepts ist für den Erfolg beim Fundraising essentiell wichtig. Luthe präzisiert hier, indem er erläutert, dass die Mittelbeschaffung im Fundraising in erster Linie das Ergebnis komplexer Prozesse und weniger ein Produkt kurzfristiger und isoliert angewandter Aktionen und Maßnahmen sei[80].
Urselmann untermauert in dieser Hinsicht, dass der Einsatz einer Fundraising-Planung einen der stärksten Erfolgsfaktoren beim Fundraising darstelle[81].
Zwischenfazit: *„Ohne ein differenziertes Fundraisingkonzept in dem festgelegt ist, von welcher Ausgangssituation, was, in welcher Form erreicht werden soll, kann Fundraising nicht erfolgreich durchgeführt werden[82].“*

Im Folgenden soll nun ein Konzept für die MS Strullendorf aufgezeigt werden. Dabei wird der Ausdruck „Konzept“ gesehen als eine methodisch entwickelte, kreative und in sich logische Schrittfolge.

Das Fundraisingkonzept ist somit – unter Berücksichtigung der für diese Arbeit zugrunde gelegten Definition[83] - eine methodisch entwickelte, kreative, in logischer Schrittfolge angeordnete, systematische Konzeption eines Ablaufes, der darauf abzielt, benötigte Ressourcen ohne marktadäquate, materielle Gegenleistung zu beschaffen. Dabei soll berücksichtigt werden, dass nicht nur auf den finanziellen Aspekt abgezielt wird, sondern auch eine emotionale Beziehung zum Mittelzuwender aufgebaut werden sollte.
„Much more than raising money” *titelt Burnet[84]*

---

80 vgl. Luthe, D. (1997): Fundraising – Fundraising als beziehungsorientiertes Marketing – Entwicklungsaufgaben für Nonprofit-Organisationen, Augsburg, S.45

81 vgl. Urselmann (2001): Erfolgsfaktor Fundraising-Planung, in: Fundraising-Akademie (Hrsg.) 2001, S. 495

82 vgl. Fischer K./Neumann, A. (2003): Multi-Chanel-Fundraising: Clever Kommunizieren, mehr Spender gewinnen, Gabler-Verlag, Wiesbaden, 1. Auflage, S.23

83 vgl. Kapitel 2.2.3

84 vgl. Burnet, K.(2002): Relationship Fundraising: A Donor Based Approach to the Business of Raising Money, Jossey-Bass San Francisco, S.1

In der Literatur gibt es manigfaltige Ansätze für Fundraisingkonzepte, da die Erstellung stets eine sehr individuelle Sache ist. Bei der Abfolge einzelner Phasen wird jedoch vielfach auf den Fundraisingkreislauf von Böttcher[85] verwiesen.

Auch die Schrittfolge bei Urselmann[86] dient vielfach als Vorlageschema. Urselmann geht von 6 Planungsschritten für jedes einzelne Fundraisingziel aus, die er folgendermaßen benennt:

- Situationsanalyse,
- Zielefestlegung/Operationalisierung eines Zielwertes,
- Festlegung der Strategien und Maßnahmen,
- Budgetierung der Strategien und Maßnahmen,
- Festlegung von Zeitplan und Zuständigkeit,
- Kontrolle[87]

Bötcher entwickelt zum Fundraising einen Kreislauf aus folgenden zwölf Schritten, die in sich geschlossen wie das Ziffernblatt einer Uhr funktionieren sollen[88]:

85 vgl. Böttcher, J.U. (1999): Sponsoring und Fundraising für die Schule-Ein Leitfaden zur alternativen Mittelbeschaffung, Verlag Luchterhand, Neuwied, S.198

86 Urselmann, Michael (2002): Fundraising. Erfolgreiche Strategien führender Nonprofit Organisationen . Auflage, Bern/Stuttgart/Wien: Paul Haupt

87 ebd, S.161

88 vgl. Bötcher, J.U. (2006): Geld liegt auf der Straße-Fundraising und Sponsoring für Schulen, Schulmanagement konkret, Band 6, Wolters Kluver, München , S.35

Abb.5: Fundraisingkreislauf nach Böttcher

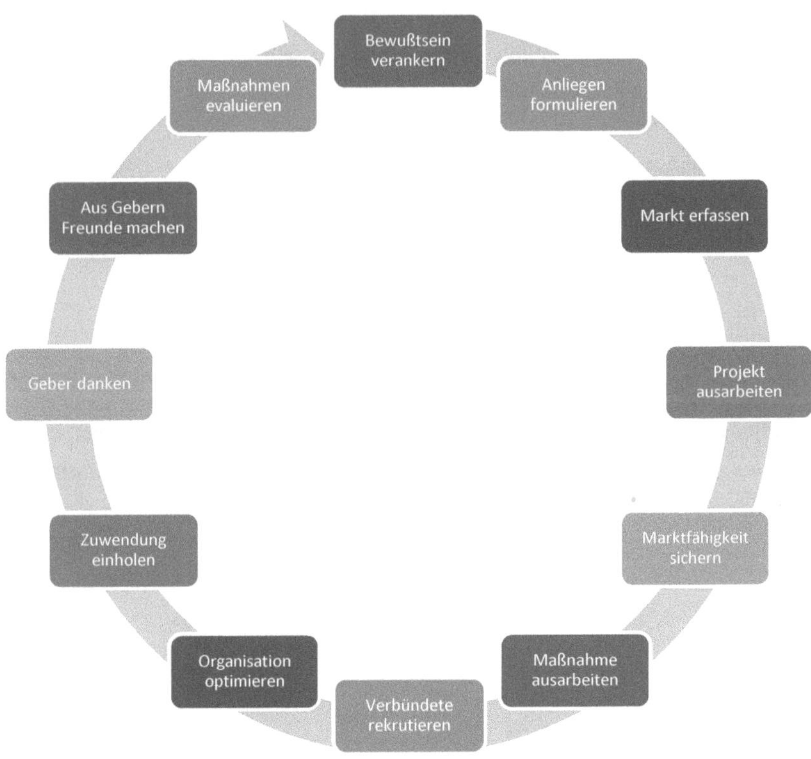

(Quelle: Eigene Darstellung in Anlehnung an Bötcher J. (2006): Geld liegt auf der Straße-Fundraising und Sponsoring für Schulen, Schulmanagement konkret, Band 6)

Positiv ist bei beiden Konzepten vor allem, dass

- beide Konzepte in sich begründbar sind.
- unerfahrenen Fundraisern eine Handlungsfolge zur Erreichung bestimmter Ziele an die Hand gegeben wird.
- beide Konzepte verständlich und nicht verwissenschaftlicht dargestellt werden.

Kritisch an den Planungsschritten nach Urselmann ist n.m.E., dass

- sich die Situationsanalyse nur auf die Rahmenbedingungen der Schule beschränkt und nicht zusätzlich auf das Schulprofil.
- bei der Zielfestlegung nur von der planenden Organisation gesprochen wird, was die Subjekte zu allgemein objektiviert.
- die Festlegung von Zeitplan und Zuständigkeit erst nach der Festlegung der Maßnahmen erfolgt.
- Urselmann keine bzw. zu wenig kritischen Aspekte von Fundraising in seine Ausführungen einfließen lässt.

Kritisch sind am Fundraisingkreislauf nach Böttcher n.m.E. folgende Punkte zu sehen:

- Die Festlegung von Zeitplan und Zuständigkeit erfolgt auch hier erst nach der Festlegung der Maßnahmen.
- Die Evaluation ist zu technisch und zu kurz ausgelegt.
- Der Aspekt der Marktsicherung wird n.m.E. für eine Schule überbewertet.

Für diese Arbeit soll nun ein eigenes Fundraisingkonzept in Form eines Kreislaufs vorgestellt werden, der in Anlehnung Böttcher und Urselmann natürlich Elemente dieser erfolgreichen Konzepte beinhaltet, in der Anordnung der einzelnen Bausteine, ihrer Wertigkeit und Begrifflichkeit sowie in der Impulssetzung jedoch neu ist. Dieser neue Kreislauf soll das Konzept dieser Arbeit darstellen, nach welchem die MS Strullendorf zur Mittelaquirierung vorgehen soll. Er ist in vier in sich greifende „Periods“ unterteilt und nach folgendem Muster aufgebaut:

Abb.6: B-POP-Fundraisingkreislauf

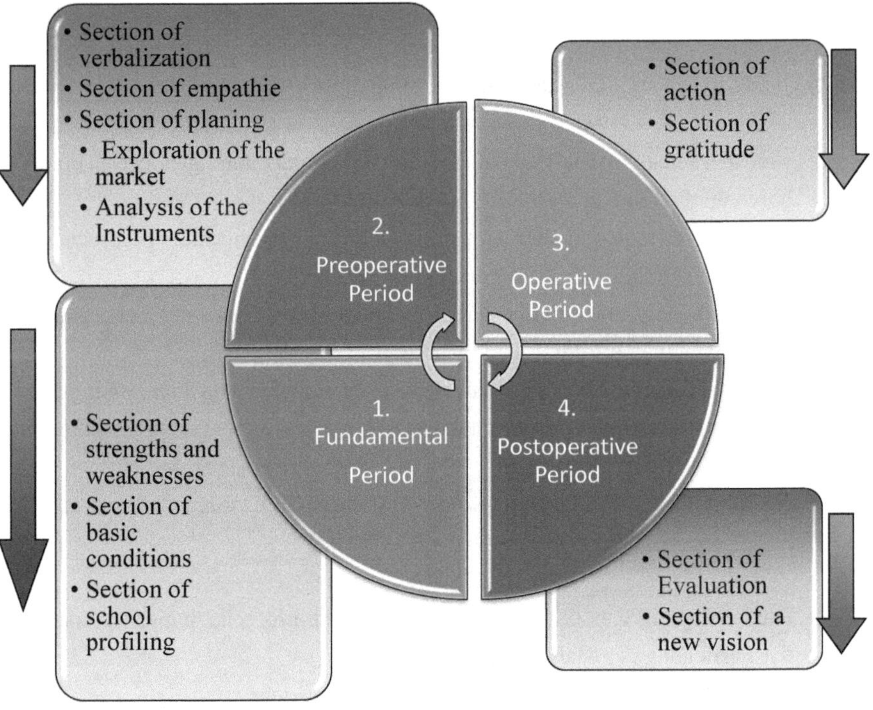

(Quelle: Eigene Konzeption und Darstellung)

In der Abbildung wird ein Kreislauf dargestellt, der aus vier großen Zeitabschnitten **(periods)** besteht, die ineinander übergehen und für die jeweilig Nächste essentiell wichtig sind. Der erste Abschnitt **(fundamental period)** beinhaltet die Auseinandersetzung mit Stärken und Schwächen (**section of strengths** an **weaknesses**) den Rahmenbedingungen der eigenen Schule **(section of basic conditions)**, sowie die Darstellung des eigenen Schulprofils **(section of school profiling)**. Im nächsten Zeitabschnitt geht es um die Aufgaben, die geleistet werden müssen, bevor man auf den potentiellen Mittelgeber herantritt **(preoperative period)**. Hier geht es abschnittsweise darum, das Fundraisingziel, das Vorhaben, ... in Worte zu fassen **(section of verbalization)**, das Fundraisingziel ganzheitlich und gefühlsmäßig zu erfassen und erfassen zu lassen - inklusive der Beantwortung auf die Frage: Wer macht was? - **(section of empathie)**, sowie das Konzept marktgenau und mittelbezogen zu planen **(section of planing)**. In der Wirkungsphase **(operative periode)** erfolgt nun die konkrete Umsetzung des Plans, das Einholen der Mittel **(section of action)** und der Ausbau des Schulimages **(section of gratitude)**. In der vierten, nachwirkenden Phase **(postoperative period)** erfolgt abschließend eine Auswertung **(section of evaluation)** und daraus hervorgehend ein Abschnitt für neue Fundraisingvisionen **(section of new vision)**. Im Folgenden nun eine Einzelbetrachtung:

2.4.1 Fundamental Period

Bevor an die Instrumente, Methoden,... im Fundraising gedacht werden kann ist es essentiell wichtig Grundinformationen zu bündeln. In dieser Phase müssen sowohl die Stärken und Schwächen und die Rahmenbedingungen einer Schule, sowie das Schulprofil dargelegt werden. Ist kein Schulprofil vorhanden, muss nach den gängigen Methoden der Schulentwicklungsarbeit eines erstellt werden. Alle Punkte sind im Hinblick auf die Attraktivität der Schule und die Aussagekraft etwaiger Maßnahmen im Fundraising äußerst ausführlich zu machen. Im Folgenden werden die Ausführungen für die MS Strullendorf beispielhaft vorgestellt.

2.4.1.1 Section of strengths and weaknesses

In diesem Punkt geht es um die Analyse der eigenen Stärken und Schwächen. Diese Analyse muss zeitnah und mit vielfältigen Informationen durchgeführt werden. Eine ausgearbeitete Stärken-Schwächen Analyse würde an dieser Stelle den Rahmen des Beitrags bei weitem übersteigen. Die folgende Abbildung zeigt mögliche Inhalte auf, nach denen die MS Strullendorf vorgehen kann:

Abb.7: Strengths an weaknesses

Interner Bereich	**Externer Bereich**
Strengths (Stärken)	Opportunites (Chancen)
Weaknesses (Schwächen)	Threats (Risiken)

Stärken- und Schwächenanalyse:
- Fähigkeiten der Mitarbeiter,
- Verteilung von Aufgabenbereichen
- Finanzielle Ausstattung
- Erfahrung bei der Mittelbeschaffung
- Kundenbindung
- Kommunikationsstruktur
- Stellung in Netzwerken

Chancen- und Risikoanalyse
- politische
- wirtschaftliche
- sozio-kulturelle
- technologische
- rechtliche und
- ökologische Einflussfaktoren und Trends

(Quelle: Stenschke, S. / Struckmeier-Becker, D.. Fundraising, gesichtet am 17.05.2009 unter : http://www.stiftung-nordlb-oeffentliche.de/fileadmin/jobob/Stiftungs-Bilder/ Downloads/ Paper_Fundraising.pdf , S.9)

Die Grafik soll den Zusammenhang von internem und externem Bereich aufzeigen. Nur durch das Kennen der eigenen Stärken und Schwächen ist es möglich Chancen und Risiken im externen Bereich zu sehen. Weiterhin bietet die Grafik mögliche Inhalte für die Ausgestaltung der Analyse an.

2.4.1.2 Section of basic conditions

In diesem Punkt müssen zunächst die Rahmenbedingungen der einzelnen Schule überlegt werden. Für die MS Strullendorf kann dies folgendermaßen aussehen:

Die Mittelschule Strullendorf[89] ist eine kombinierte Grund- und Hauptschule von Jahrgangsstufe 1 bis 9. Die Schule, die seit 1974 besteht hat im SJ 2008/2009 insgesamt 435 Schüler an zwei Standorten. 350 Schüler im Schulhaus Strullendorf und 4 ausgelagerte Klassen 1c,2c,3c und 4c mit insgesamt 85 Schülern im Schulhaus Amlingstadt. Die Klassen 1 bis 4 sind 3 bis 4-zügig. Die Hauptschule ist im SJ2008/2009 in Jahrgangsstufe 5 und 6 zweizügig, in Jahrgangsstufe 7 bis 9 zurzeit einzügig (allerdings mit großen 30er Klassen). Die beiden fünften Klassen sind Ganztagesklasse, wobei nur die Klasse 5a vom Staat subventioniert wird. Die Klasse 5b wird zurzeit infolge großen Engagements der Eltern und des Kollegiums von der Gemeinde finanziert. Im Schuljahr 2009/2010 werden die beiden fünften Klassen, infolge von Schülerabgängen ans Gymnasium und die Realschule, als eine sechste Ganztagesklasse weitergeführt. Von beiden sicheren fünften Klassen des nächsten Schuljahres kann –aufgrund der Zusammenführung der jetzigen Ganztagesklassen zu einer 6ten Ganztagesklasse – nur eine finanziert durch die Gemeinde als Ganztagesklasse geführt werden.

Die Schule benötigt somit Mittel, um auch die zweite fünfte Klasse im Ganztagesunterricht zu führen. Die jetzige Klasse 6a ist eine Bläserklasse, d.h. jedes Kind in der Klasse erlernt zusätzlich ein Blasinstrument und spielt im Schulorchester mit. Die Kosten für die Privatdozenten der Bläserklasse werden z.T. von den Eltern getragen und z.T. von der angegliederten Musikschule (kommunale Einrichtung).

---

89 vgl. www.schule-strullendorf.de bzw. www.schule-amlingstadt.de

Eine finanzielle Entlastung v.a. ärmerer Schüler durch die Schule wäre hier wünschenswert. Desweiteren besitzt die Schule einen Kinderhort, eine Mittagsbetreuung, sowie ein schuleigenes Bistro. Das Bistro wird komplett von den Klassen 7 bis 9 der Hauptschule bewirtschaftet. Die Preise befinden sich in einem für Schüler tragbaren Rahmen. Jedoch könnten durch zusätzliche Mittel hier noch bessere Rahmenbedingungen geleistet werden.

Das Kollegium besteht aus 25 Lehrerinnen, 8 Lehrern, 2 Förderlehrerinnen, 4 Fachlehrern, 2 Referendaren, Schulleiter, 2 Konrektoren und einem Sozialpädagogen. Der Altersdurchnitt des Kollegiums liegt bei 51 Jahren.

Der Unterricht findet in der Zeit von 08:00 Uhr bis 13:00 Uhr und von 14.00 Uhr bis 17.00 Uhr statt.

Die räumliche Situation der beiden Schulgebäude ist als sehr gut zu bezeichnen. Die Schule besitzt 30 Klassenräume mit Computer und Internetzugang, einen Physik-Chemie-Biologieraum mit Vorbereitung (jedoch mit Ausstattungsmängeln), ein 2008 neu ausgestatteten Computerraum mit 25 Arbeitsplätzen (hier wird allerdings noch Geld für Sicherheitssoftware benötigt, die der Träger nicht mehr finanzieren konnte), 2 Werkräumen mit 2 mal 20 Arbeitsplätzen und Vorbereitung, 1 Textillehreraum mit Vorbereitung, 1 Musikraum mit Klavier und Flügel, 1 Kunstraum mit Vorbereitung, 1 große Küche mit 6 Herden und 22 Arbeitsplätzen, 2 Lehrerzimmer mit Nebenraum (Kopierer, 1 PC etc.) 1 kleine Sporthalle im Gebäude Amlingstadt; 1 zweifach Turnhalle mit Sportplatz und Leichtathletikplatz, eine 3-fach Turnhalle der Gemeinde Strullendorf zur Mitbenutzung 2 Konrektorenzimmer, 1 Schulleiterzimmer und 1 Sekretariatsraum.

Es gibt folgende weiterführende Schulen in der Umgebung:

- 8 Gymnasien und 4 Realschulen, 4 Berufsschulen, 1 Kolpingschule, 1 Wirtschaftsschule in Bamberg (ca. 8 km)
- 1 Realschule in Hirschaid (ca. 2 km)

Im Hinblick auf das geplante Fundraisingkonzept ist zu erwähnen, dass der Schule ein Förderverein angehört. Dieser aus Lehrern, Eltern und ehemaligen Schülern bestehende Verein finanziert sich über Spenden und Beiträge, sowie Einnahmen bei Schulfesten. Er ist berechtigt Spendenquittungen auszugeben, gibt seinerseits Zuschüsse zu Projekten, Klassenfahrten u.s.w..

2.4.1.3 Section of school profiling

In diesem Abschnitt geht es darum, sich des eigenen Schulprofil bewusst zu werden. An dieser Stelle sollte v.a. ein Bild der Schule gegeben werde, welches die Schule in ihrer Individualität wiederspiegelt.
Für die MS Strullendorf ergibt sich folgendes Bild[90]:

<table>
<tr><td colspan="2">Die Mittelschule Strullendorf sieht sich selbstverständlich als Schule in enger Kooperation mit den Eltern und Bürgern der Gemeinde. In Übereinstimmung mit übergeordneten Zielen, die in der Bayerischen Verfassung und in den Lehrplänen zu finden sind, versuchen die Schulleitung und das Kollegium ein lebendiges Schulleben und günstiges Lernklima zu schaffen. Jedes Kind soll hier in freundlicher Atmosphäre entsprechend seinen Fähigkeiten gefördert werden. Die eigene Persönlichkeit der Kinder wird respektiert. Jeder hat das Recht ohne Angst vor Gewalt und Herabwürdigung die Schule zu besuchen.</td></tr>
<tr><td>Die Schüler sollen lernen,
- die Fähigkeit des live-long Learning zu entwickeln
- das von der Gemeinde geschaffene Schulhaus zu pflegen und zu erhalten
- gemeinschaftsfähig und partnerfähig zu werden
- ein Gefahrenbewusstein zu entwickeln
- dass Freundlichkeit und Höflichkeit wichtig sind</td><td>Wie kann das erreicht werden?
Lehrer legen Wert auf,
- Qualität ihres Unterrichts
- Selbsttätigkeit der Schüler
- Ordnung und Disziplin
- Vorbildwirkung</td></tr>
</table>

90 Eigene Aufstellung des Schulprogramms der MS Strullendorf

<table>
<tr><td colspan="2">Besondere Vorhaben
- Leseprojekte in Zusammenarbeit mit den dem Elternbeitat
- Lesenächte und Theaterbesuche
- Gewaltprojekte in Zusammenarbeit mit Theaterpädagogen
- Drogenprävention in Zusammenarbeit mit der Polizei und dem Elternbeirat
- Partnerschule in Ungarn mit jährlichem Treffen
- Schullandheimfahrten bzw. 9. Klassen: Abschlussfahrten nach London.
- Kunstprojekte</td></tr>
<tr><td>Besonderer Unterricht
-Bistro von Schülern als Arbeitsgemeinschaft weitgehend selbstständig geführt
- Bläserklassen in der 3. 4. und 5.Klassen
- Schülerchor: Musicalvorführungen
- Basketballgruppe
- Physik/Chemie Experimentiergruppe
- Ausbildung von Konfliktlotsen
- Schulhausinterne Erziehungshilfe
- Enge Zusammenarbeit mit der Musikschule Strullendorf</td><td>Schulhäuser Die beiden Schulhäuser in Amlingstadt und Strullendorf sind rundum erneuert. Die neue Doppelturnhalle wurde 2003 eingeweiht Die Außensportanlagen wurden 2004 fertiggestellt In Zusammenarbeit mit dem Elternbeirat wurde der Schulhof in Amlingstadt gestaltet. Nächste Verbesserungen sind in die Wege geleitet.</td></tr>
<tr><td colspan="2">Betreuung nach dem Unterricht
- Mittagsbetreuung bis 14.30 Uhr
- Kinderhort Dachsbau von 11.30 bis 17.00 Uhr
- Schülerzentrum für Hauptschüler</td></tr>
</table>

2.4.2 Praeoperative Periode

2.4.2.1 Section of verbalization

In diesem Punkt ist es wichtig, dass schriftlich fixiert wird, was **mit einer bestimmten Fundraisingaktion** erreicht werden soll.

Wichtig ist hierbei, dass das Anliegen

- bewegen
- räumlich berühren
- zeitlich berühren / drängen
- lösbar sein muss[91]

Für die MS Strullendorf muss n.m.E. an dieser Stelle zweifach – Intern und Extern- vorgegangen werden. Im Folgenden wird am Beispiel der Gelderaquirierung für den Ausbau einer Ganztagesklasse für die MS Strullendorf ein mögliches internes Schema aufgezeigt, welches man sich im Fundraisinggremium aufstellen sollte.

Schule/Schulverwaltung

Schule mit Adresse Schulnummer: XXXX	MS Strullendorf (GS/HS)	Tel: XXXXXX FaxXXXXXXX Email XXX@XXX
Schulleitung:	Rektor XXXXXX	
Klassen- und Schülerzahl:	Im SJ 2009/2010 23 Klassen mit insgesamt 442 Schülern	
Ansprechpartner für Ganztags-fragen	Rektor XXXXXXX Lehrer XXXXXX	
Zuständige Bezirksregierung	Regierung von XXXXXXX	

91 vgl. Böttcher,J.U. (2004): Vortrag: Fundraising für die Praxis im Rahmen Frühjahrsaktion „Gesunde Schule 2004" S.8 gesichtet am 06.06.2009 auf: www.bosch-stiftung.de/content/language1/downloads/Gesundheitsfoerderung_Schule_Fundraising.pdf

a. Konzept der zweiten Ganztagesklasse im SJ 2009/2010 Unterricht

Jahrgangsstufe/Anzahl der Schüler	Klasse 5b mit voraussichtlich 25 Schülern	
- **Sozialer Hintergrund** - **Förderbedarf** - **Besonderheiten**	In der zweiten für das SJ 2009/2010 geplanten fünften Ganztagesklasse finden sich vor allem Schüler von Alleinerziehenden, kinderreichen Familien, Berufstätigen, Familien in Notsituationen und ausländischen Mitbürgern. Diese Klientel macht 78% der Schüler aus. Von den Schülern benötigen ca.60% intensiven Förderbedarf v.a. in den Fächern Deutsch und Mathematik.	
Allgemeine Zielsetzung/Schwerunkte des Unterrichts	Sport, Musik, Soziales Engagement	
Geplante Verwendung der zusätzlichen 12 Lehrerstunden	Zusätzlich: Mathematik 4h/Deutsch 3h/Musik 3h/Sport 2h	
Elemente des rhythmisierten Tages	Hier: Anhang des Stundenplans	
Kooperation mit externen Partnern	**Kooperationspartner AWO**[92]	**Geplante Projekte n.n.b.**[93]

[92] Arbeiterwohlfahrt
[93] Noch nicht bekannt

Mittagessen

Räumliche Ausstattung des Speisebetriebs	**10 neue Tische + 40 Stühle**	**Kalkulierte Kosten Ca. 1400 Euro**
Anbieter des Mittagessens	**Lieferant AWO**	Die Schule würde sich gerne an den Kosten mit einem Drittel = 3000 Euro beteiligen
Personaleinsatz/Kosten	Essensausgabe Spülen: 2 Spülkräfte (Mo – Do) 8Euro/h ⇨ 8 x 2 Pers. x 4 Tg. x 4 Wochen = 256 Euro (ca. 2600 Euro im Jahr)	

Freizeitgestaltung

Ausstattung der Räume/ voraussichtliche Kosten	**keine**
Geplante Angebote / Kosten	**Badminton/ Football/Basketball/ Musik/ Yoga…**
Personaleinsatz/ Kosten	**Rahmen ca. 2000 Euro**

Geschätzte Gesamtkosten

Ca. 8900 Euro	**5900 Euro ohne Essenszuschuss**

Extern kann die MS Strullendorf in dieser Phase folgende Möglichkeiten in Betracht ziehen:

- Informationsbroschüren, Flyer, Newsletter
- Pressemeldungen, Pressegespräche, Interviews
- Fachbeiträge für Zeitschriften
- Vorträge

Für die MS Strullendorf empfiehlt es sich – v.a. im Hinblick auf frühere Erfolge mit dieser Form – ein Flyer zu erstellen.

2.4.2.2 Section of empathy

Im Marketing wird Empathie gesehen als das Einstellen auf die Persönlichkeit des Austauschpartners, auf dessen Eigenarten, Wünsche und Verhaltensweisen und darauf, dass sich der Partner ernstgenommen fühlt[94]. Diese Position ist wichtig und grundzulegen, jedoch auch sehr einseitig nur auf die Position des Partners gerichtet.

Im Fundraising geht dies n.m.E. wesentlich weiter. Um gewünschte Zielsetzungen zu erreichen, ist es wichtig, dass die Fundraisingidee bzw. das konkrete Fundraising-projekt durch alle Beteiligten getragen wird. Dafür ist ein gewisser Identifikationsfaktor aller am Fundraising beteiligten Mitarbeiter von Nöten. Riegel differiert in ähnlichem Kontext zwischen Öffentlichkeitsarbeit nach innen und nach außen[95]. Dabei stellt sie eindeutig klar, dass jedwede Form der Öffentlichkeitsarbeit nach außen inneren Konsens und eine interne „öffentliche" Kultur benötigt[96].

Schöning[97] spricht im Zusammenhang mit Marketing von folgenden permant zu übernehmenden Rollen der Geldaquirierer, die auch n.m.E. für Fundraising so zutreffend sind: Der Einzelne wird gesehen als

- Repräsentant der Organisation
- Mitträger
- Nutzenvermittler
- Marktforscher
- Zufriedenheitsmesser[98]

Dabei ist wissenschaftlich schon lange bekannt, dass wesentliche Einflussfaktoren auf das Verhalten von Mitarbeitern eine Rolle spielen.

---

94 vgl. Purtschert, R. (2005): Marketing für Verbände und weitere Nonprofit-Organisationen, Verlag Haupt, Bern-Stuttgart-Wien, S.371

95 vgl. Riegel, E. (2007): Öffentlichkeitsarbeit oder: Der Zusammenhang von innerer und Äußerer Öffentlichkeit, in: Pfundtner, R.,(Hrsg): Grundwissen Schulleitung, Verlag Luchterhand , Köln, Neuwied, S.284ff.

96 ebd., S.281

97 vgl. Schönig, C. (2001): Internes Marketing in Verbänden, Dissertation, Freiburg

98 ebd. S.126ff.

Schmitz-Simonis[99] geht in Hinsicht auf dienstleistungsorientiertes Mitarbeiterverhalten – was auch in jeder NPO vorliegt - von vier Einflussfaktoren aus:

(1) Individuelles Können
(2) Persönliches Wollen
(3) Soziales Dürfen
(4) Organisatorische Rahmenbedingungen[100]

Auch Bötcher[101] stellt diesbezüglich grundlegend zu beantwortende Fundraisingfragen nach innerer Einstellung der Beteiligten, nach Fundraisingfähigkeit der Organisation, nach der Belastungsfähigkeit des einzelnen Fundraisers, u.s.w.[102]

Section of empathy im Sinne dieses Fundraisingkonzepts soll nun für die MS Strullendorf bedeuten, dass die NPO - inklusive aller an dem konkreten Fundraisingprojekt Beteiligter – in der Lage ist das Fundraising und sein Ziel „zu leben", es zu verinnerlichen. In Folge dessen muss

- durch Aus- bzw. Weiterbildung ein gewisser Ausbildungsstand erreicht werden.
- der Mitarbeiter persönlich angesprochen, ernstgenommen motiviert werden **sein** Fundraisingziel erreichen zu wollen.
- die Schule eine Organisationskultur aufweisen, die diese Identifikationskultur ermöglicht.
- der organisationale Rahmen stimmen.

---

99 vgl. Schmitz-Simonis, K.E. (2001): Organisation: Potential für Unternehmen und Verbände in: Krey, K./ Schmitz-Simonis, K.E., Strötgen, J. (2001): Verbände im Wandel,Köln

100 ebd., S.6

101 vgl. Böttcher, J.U. (1999): Sponsoring und Fundraising für die Schule-Ein Leitfaden zur alternativen Mittelbeschaffung, Verlag Luchterhand, Neuwied

102 ebd. S.175ff.

Weiterhin ist an dieser Stelle ein Plan auszuarbeiten, der exakte Angaben darüber enthält, wer welche Aufgabe innerhalb des Fundraisingprojekts zu erfüllen hat.

Für die MS Strullendorf bedeutet dies, Listen anzulegen, die z.B. im Hinblick auf studierte Fächer, Beruf, Fortbildungen,... des Einzelnen seine Stärken optimal zuweisen. Unter Berücksichtigung der obigen Ergebnisse kann man hierbei durchaus auf Konzepte des Projektmanagement zurückgreifen. Wichtig ist dabei n.m.E., dass der Schulleiter aufgrund der rechtlich und emotional sensiblen Thematik die Projektkoordination übernimmt.

Anmerkung: Dieser Phase kommt eine besondere Schlüsselfunktion zu. Sollte hier ungenau oder oberflächlich gearbeitet werden ist das gesamte Fundraising zum Scheitern verurteilt.

2.4.2.3 Section of planing

a. Exploration oft the market

In diesem Punkt muss es Ziel sein den Markt für die Schule Strullendorf als NPO zu erkunden.

Fundraising ist Kundenorientierung im Hinblick auf die Förderer. Dabei müssen Motive und Erwartungen herausgefunden werden[103].

Die Literatur bietet verschiedene Formen der Marktinformationsbeschaffung. Für eine Schule kommen nach Reis/Reisner/Schwarz[104] vier Methoden in Betracht[105]: Marktinformationsbeschaffung durch[106]

- Einteilung in bestimmte Bereiche der Marktinformationsbeschaffung
- Unterscheidung nach verschiedenen Erhebungsarten
- Anwendung verschiedener Methoden der Marktforschung
- Einteilung in verschiedene Tätigkeiten der Marktforschung

103 vgl. Haibach,M. (2006): Handbuch Fundraising – Spenden, Sponsoring, Stiftungen in der Praxis, Campus-Verlag, Frankfurt am Main und New York, S.22

104 vgl. Reisch,R./Reisner,B./Schwarz,G. (2001): Marketing für Schulen,öpv&hpt Verlag, Wien

105 ebd. S.49

106 ebd. S.50ff.

Eine nach betriebswirtschaftlichen Gesichtspunkten durchgeführte Marktanalyse würde den Rahmen dieses Beitrags bei weitem sprengen – und auch die Ressourcen einer „einfachen“ öffentlichen Schule. Desweiteren sind für Schulen als NPO nicht alle Analyseinstrumente von gleicher Bedeutung wie für eine Profit Organisation.

Außerdem muss man sich als Schule die Frage gefallen lassen, ob es bei einer Schule wirklich darum geht Marktanalysen auf professionellem Niveau durchzuführen? Die Antwort darauf lautet „nein“. Und dies ist keine subjektive, unwissenschaftliche Aussage, sondern das Resümee klarer Indikatoren. Betriebswirtschaftliche Marktanalysen benötigen Zeit, personelle Ressourcen, finanzielle Ressourcen und Kenntnisse. Dies ist im Hinblick auf Lehrerausbildung, Schulleiterausbildung, knappe Finanzmittel,... in Bayern nicht ansatzweise vorhanden. Schulen müssten also ersteinmal Fundraising betreiben, um Mittel zu bekommen für weiteres Fundraising. Darum kann es nicht gehen.

Bei der „Eploration oft the market“ ist für Schulen nur eine Frage von Belang:
Wie finde ich Partner, die unsere Schule unterstützen und zu uns passen?

Für diese Arbeit und für Schulen im Allgemeinen wird aufgrund ausreichender Erfolge zunächst der Gebermarkt von Böttcher[107] als Basis gelegt. Aus diesen Basiswerten wird eine Affinitätstabelle herausgearbeitet. Diese Tabelle ist aufgrund von Erfahrungswerten der MS Strullendorf entwickelt worden. Für andere Schulen kann eine andere Wertigkeit sinnvoll sein, da z.B. die Schule X ein besonders gutes Verhältnis mit dem Lieferanten Y hat.

[107] vgl. Bötcher, J.U. (2006): Geld liegt auf der Straße-Fundraising und Sponsoring für Schulen, Schulmanagement konkret, Band 6, Wolters Kluver, München , S.49

Abb.8: Affinität möglicher Geber zur MS Strullendorf

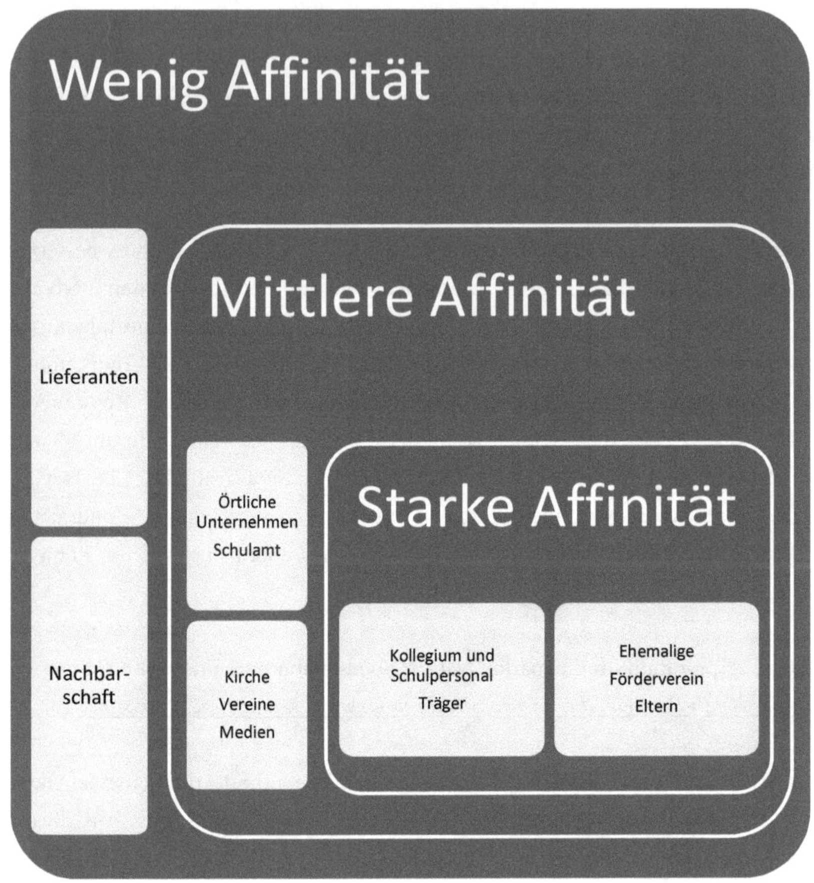

Quelle: Eigene Tabelle entwickelt auf den Erfahrungswerten der MS Strullendorf und basierend auf dem Geberkreislauf nach Bötcher[108]

Aus der Abbildung geht hervor, welche Affinität bestimmte Gebergruppen mit der MS haben bzw. von wem die Schule mit welcher Wahrscheinlichkeitstendenz unterstützt werden wird. Anzumerken ist hier die bereits erwähnte rechtliche Situation i.b.a. die Eltern. Also: Keine direkte Spendenaufforderung an Erziehungsberechtigte.

108 ebd. S.49

Im Hinblick auf die Vielfalt der Unternehmen muss eine analyseähnliche, jedoch stark vereinfachte, Erkundungsmethode angewendet werden. Diese besteht aus einer Art Checkliste mit sechs Indikatoren. Für die MS Strullendorf sieht dies folgendermaßen aus.

Tab.2: Auszug aus der Checkliste ortsansässiger Unternehmen in der Gemeinde Strullendorf

FIRMA	Schulkontakt	Früher bereits unterstützend tätig	Projektzuspruch	Ausbildungsbetrieb	Firma hat einen guten Ruf in der Gemeinde	Uneigennützigkeit der Unterstützung	Anzahl der Plus	Anzahl der Minus
BioThera								
CARO Druck & Verlag GmbH								
Dachdeckerei Starklauf Thomas								

Quelle: Eigener Entwurf. Vollständige Liste vgl. Anlage

Der Ablauf ist dabei einfach[109]. Für jeden der Indikatoren kann nur ein „+“ oder ein „-„ vergeben werden. Beispiel: Ist der Schulkontakt gut, wird ein „+“ vergeben, ist der Kontakt des Unternehmens zur Schule eher schlecht oder nicht vorhanden ein „-„.

Werden am Ende bei einem Unternehmen mehr als zwei Minus vergeben, fällt die Firma aus dem Geberkreis heraus.
Um an die benötigten Informationen zu kommen, sollten Schulen im Sinne der Marktforschung einfache Befragungen durchführen. Man unterscheidet hierbei im Rahmen der Primärforschung zwischen quantitativen und qualitativen Umfragen[110].

Für Schulen (hier für die MS Strullendorf) eignen sich n.m.E. besonders quantitative Umfragen, da sie schnell Informationen liefern, geringe Kosten verursachen und keine größeren Analysefähigkeiten erfordern. Im Rahmen quantitativer Umfragen sind hier vor allem die persönliche und telefonische Befragung[111] ins Auge zu fassen.

Am Ende der „Exploration oft the market“ muss eine Geberdatenbank erstellt werden, welche die Namen und Anschriften aller potentiellen Spender enthält.

b. Useful Instruments

In diesem Punkt geht es darum Instrumente zu finden, die für das jeweilige, in 4.2 herausgearbeitete Projekt sinnvoll sind. Da es sich innerhalb dieser Arbeit um ein anpassungsfähiges Konzept handeln soll, werden im Folgenden die wichtigsten Instrumente für NPO`s und Profit-Organisationen aufgezeigt:

---

109 in leichter Anlehnung an Erwing Goffmanns Forschungsstil vgl. Willems, H. (2004): Erving Goffmans Forschungsstil in: Flick,U./ Kardorff, E./ Steinke, I.(Hrsg.): Qualitative Forschung – Ein Handbuch, 3. Auflage, Verlag Rowohlt, Hamburg

110 vgl. Purtschert, R. (2005): Marketing für Verbände und weitere Nonprofit-Organisationen, Verlag Haupt, Bern-Stuttgart-Wien, S.187

111 ebd. S.187

Abb.9: Fundraisinginstrumente im Überblick

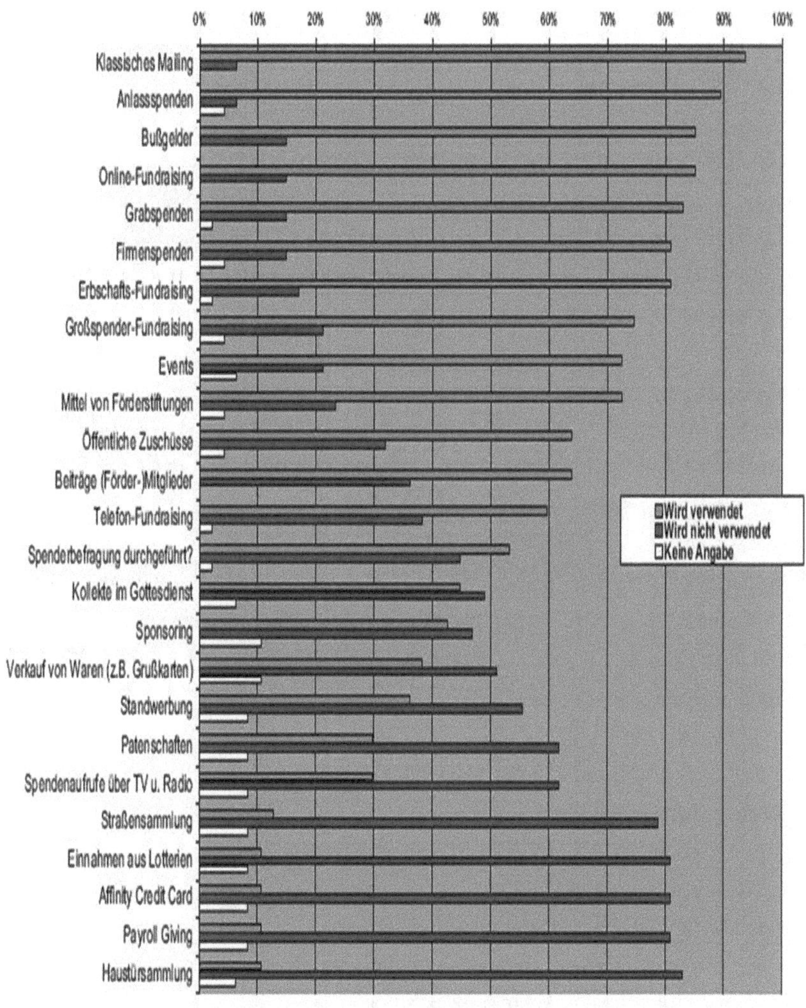

Quelle: Urselmann in: Fundiert-Neues aus der Welt des Fundraising[112]

112 vgl. Urselmann, M. (2009): Fundraisinginstrumente der Zukunft, in: GFS Fundraising & Marketing GmbH (Hrsg.): Fundiert-Neues aus der Welt des Fundraising, Jahrgang 11, Ausgabe 1, März 2009, S.8ff.

Die Tabelle zeigt die Verwendungshäufigkeit einzelner Instrumente auf. Damit wird eine gewisse Eignung einzelner Methoden propagiert, da sich die Tabelle auf Vergleichsuntersuchungen von Urselmann[113] aus den Jahren 1996, 1998, 2000 und 2002 bezieht.

Aus der obigen Tabelle und unter besonderer Berücksichtigung der Fundraisinginstrumente nach Vilain[114] wird im Folgenden eine Tabelle aufgestellt, die für Schulen sinnvoll erscheint. Dabei werden für die MS Strullendorf aufgrund von Erfahrungswerten spezifische Instrumente präferiert (dick unterstrichen).

Tabelle 3: Fundraisinginstrumente

Spendenaufruf	**Kapitalkampagne**	Wohltätigkeitsveranstaltung
Schulfeste bzw. Schulveranstaltungen	**Persönliche Ansprache/Mailing/ Telemarketing**	Bußgeldfundraising
Erbschaftsfundraising	**Internetfundraising**	**Alumnifundraising**
Stiftungsmarketing	Schulwettbewerbe	**Unternehmenskooperationen**
Straßensammlung	Spendendosen	

Quelle: Eigene Darstellung

Im Folgenden nun eine kurze Darstellung der n.m.E. für die MS Strullendorf wichtigen Instrumente:
Erste Möglichkeit ist n.m.E. der **Spendenaufruf.** Dabei gibt es folgende Ausführungsmöglichkeiten[115]:

- Die persönliche Ansprache
- „Warm Calls" – Anrufe bei persönlich bekannten Personen, z.B. ansässige Firmen, ehemalige Schüler
- Ein persönlicher Brief,

113 ebd., S.8

114 Vilain, M. (2006): Finanzierungslehre für Non-Profit Organisationen – Zwischen Auftrag und ökonomischer Notwendigkeit, Vs-Verlag, Wiesbaden, S.204ff

115 vgl. steg Hamburg (Hrsg.) (2007): Fundraising macht Schule: Ein Leifaden der Mittelaquise für Schulen und deren außerschulischen Partner zur Unterstützung eines Gantagsschulprogramms, S.10ff.

- „Mailing“ an Unternehmen (nicht an Eltern vgl. Kapitel 3)
- Bußgelder können Schulen zugesprochen werden. (In der Regel werden Bußgelder jedoch nur an Schulen mit einem besonderen Schwerpunkt verteilt, z. B. Schulen für Menschen mit Behinderungen).
- Werbung in den Medien
- Werbung in der Öffentlichkeit (Fassade/Werbebanner)

Eine weitere umsetzbare Methode für die Schule stellt die **Kapitalkampagne** dar. Man unterscheidet drei Phasen:

- **Vorbereitungsphase** (Festlegung wo das erste Drittel des benötigten Geldes potentiell aquiriert werden kann-> Leitspenden). Wichtig: Wenn z.B. damit gerechnet wird, dass drei Großspender insgesamt ein Drittel der benötigten Summe aufbringen, sollte man neun potentielle Geldgeber ansprechen.[116]

- **nicht öffentliche Akquisitionsphase** (hier werden die Leitspenden eingebracht) und

- **öffentliche Akquisitionsphase** (Ansprache von zusätzlichen Geldgebern zur vollständigen Erreichung des Ziels[117]. Falls man hier jedoch weit hinter dem angestrebten Ziel zurückliegt, muss die Kampagne abgebrochen werden.[118]

Internet-Fundraising stellt eine weitere interessante Möglichkeit dar an Mittel zu kommen. Dabei wird versucht über ein Spendenportal, Spenden per Mausklick, … an Gelder zu kommen. Für diese Methode sprechen eine Vielzahl von Gründen[119]:

---

116 vgl.: Jens Uwe Böttcher: Geld liegt auf der Straße – Fundraising und Sponsoring für Schulen, Luchterland-Verlag, Wolters Kluwer, München, 2006, S. 69ff.

117 steg Hamburg (Hrsg.) (2007), S.12ff.

118 vgl.: DKJS (Hrsg.):Fundraising als Herausforderung und Chance für Schulen und ihre Kooperationspartner, Arbeitshilfe 10, Berlin 2008.

119 vgl. Gregory, A./ Lindlacher, P.(2004): Fundraising, 3. Auflage, AG SPAK, Neu-Ulm; S.55ff.

- Über das Internet erreicht man Zielgruppen, die bisher nicht gespendet haben.
- Spenden im Internet fallen höher aus.
- Außer etwaiger Software fallen keine zusätzlichen Kosten an.
- Bereits große Erfolge bei vielen NPO`s

Das **Alumni-Fundraising** zielt auf die Bindung der ehemaligen Schüler ab. Hierbei bietet es sich für die MS Strullendorf besonders an z.B. einen Alumni-Club einzurichten. Dieser könnte als Unterverein des Fördervereins geführt werden, was rechtlich und steuerlich interessante Möglichkeiten eröffnen könnte.

Bei **Unternehmenskooperationen** geht es darum im Schulgebiet ansässige Unternehmer zu gewinnen, welche die Schule durch Geld- oder Sachspenden unterstützen[120]. Wichtig ist dabei den Unternehmer zu vermitteln, was er davon hat.
Die Möglichkeit der Mittelaquirierung bei **Schulfesten** o.ä. wird an dieser Stelle nicht näher beschrieben. Diese Methode ist allen Schulen hinlänglich bekannt und wird intensiv genutzt.

2.4.3 Operative Period

2.4.3.1 Section of action

Diese Aktionsphase ist sehr kurz zu beschreiben, da es „lediglich" darum geht die Planung konkret umzusetzen und dadurch Mittel real zu aquirieren.
Bötcher stellt in diesem Zusammenhang einen Vergleich mit dem Kochen mit einem Wok[121] an:

„Fundraising ist wie das Kochen mit einem Wok. Das meiste geht in die Vorbereitung – oder die Nachbereitung. Im gesamten Zeitablauf ist das Kochen selbst nicht mehr als ein ekstatischer Moment[122]*."*

---

120 vgl. hierzu „Gebermarktanalyse"

121 vgl. Böttcher, J.U. (1999): Sponsoring und Fundraising für die Schule-Ein Leitfaden zur alternativen Mittelbeschaffung, Verlag Luchterhand, Neuwied, S.191

122 ebd. S.191

Für die MS Strullendorf bedeutet dies konkret:

Abb.10: Section of action

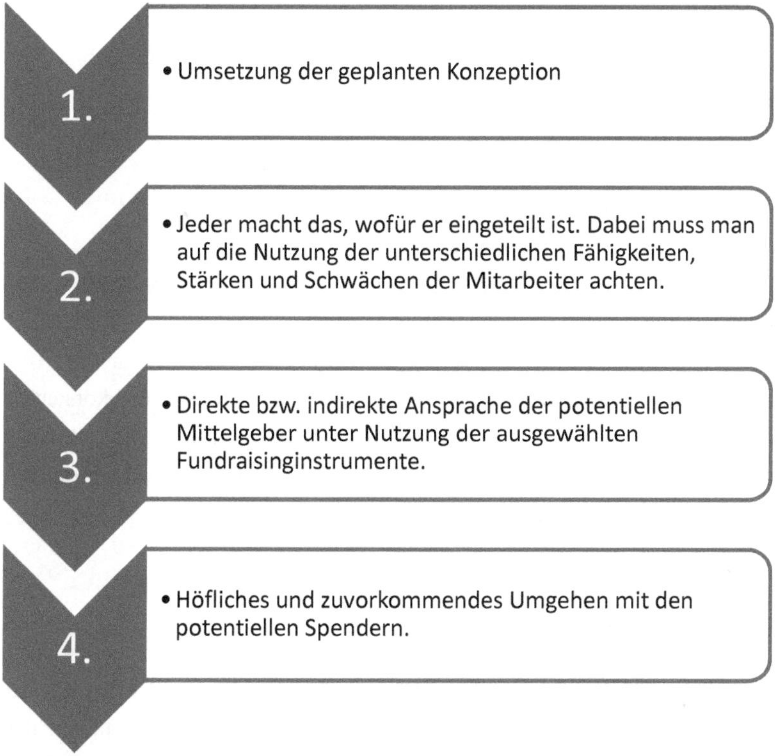

Wichtig für den Erfolg in dieser Phase ist, dass man konkret – in indikativer Ansprache - bittet. Der Konjunktiv ist an dieser Stelle ein Zeichen von Unsicherheit und kann als Schwäche ausgelegt werden[123].

2.4.3.2 Section of gratitude

In diesem Fundraisingabschnitt geht es nicht nur um bloßes „Danke-sagen". Es geht um das das Fundraisingimage der Schule. Es geht konkret darum, welches Bild der Mittelgeber - der Spender - von der Schule hat.

123 ebd. S.193

Es geht weiterhin darum, dass der Geber stolz ist für die Schule unterstützend tätig gewesen zu sein und auch zukünftig offen für Fundraisingaktionen ist. Der Geber muss die Dankbarkeit der Schule spüren.

Dem Geber gedankt werden und zwar schnell. Möglichkeiten für die MS Strullendorf sind dabei:

- Dankanruf
- Individuell auf den Geber abgestimmter Dankesbrief.
- Besuch des Gebers
- Einladung zu einem Dankesessen
- Erwähnung der Geber in Zeitungsberichten oder sonstigen rechtlich korrekten Formen.

Bei allen Dankesformen, die natürlich miteinander kombiniert werden können, ist es wichtig auch das Resultat der Fundraisingaktion darzustellen. Es soll das Ergebnis aufgezeigt werden. Jeder Mittelgeber soll sich und seinen Beitrag in einem Teil der Schule wiedererkennen.

2.4.4 Postoperative Periode

2.4.4.1 Section of Evaluation

Innerhalb der Evaluationseinheit ist nun das Ergebnis des Vorhabens zu überprüfen. Für die MS Strullendorf wird an dieser Stelle das Verfahren der Appreciative Inquiry[124] gewählt. AI von Cooperrider und Srivastva[125]beschreibt einen völlig neuen Ansatz, der die klassische Herangehensweise an Organisationsentwicklung und klassische Evaluation in Frage stellt. AI ist dabei folgendermaßen zu sehen:

„The cooperative search for the best in the people, their organization, and the world around them. It involves systematic discovery of whar gives a system

---

124 im Folgenden abgekürzt mit AI

125 vgl. Cooperrider, D. L. & S. Srivastva (1987). *Appreciative Inquiry in Organizational Life*. Research in Organizational Change and Development, (1), 1, S. 129-169

"live" when the system I most effective and capable in economic, ecological, and human terms."[126]

Dabei können unterschiedliche Zielsetzungen mit Appreciative Inquiry verfolgt werden - Zielsetzungen, die auch für „Non-Profit Organisationen" wie Schule v.a. im Evaluationsprozess Vorteile bringen können:
Im vorliegenden Fall soll AI in der MS Strullendorf folgendes bewirken.[127]

- Dynamiken entstehen lassen und bewahren.
- abwertende Urteile gegenüber anderen relativieren.
- Ressourcen aufzeigen und bestmöglich nutzen.
- Kollektive Visionen erfahrbar machen.
- Einfühlungsvermögen für die Sichtweisen der Kollegen erzeugen und Gemeinsamkeit und Unterschiede wertschätzend bewusst machen.
- Fragen stellen, die Neues, Unbeantwortetes hervorbringen.
- Gemeinschaft schaffen und Verantwortung übernehmen.
- die Vielfalt als ertragreich erkennen.
- neues Lernen schneller ermöglichen.
- die Konsequenzmechanismen hinter Erfolgen verstehen.
- erkennen, wie eng die sogenannten » hard « und » soft «-facts miteinander verbunden sind.
- Personen (Evaluierten) ein gesundes Selbstwertgefühl geben.
- Motivieren und „Aha-Erlebnisse" erzeugen, die ein positives Selbstbild verstärken.
- positive Beispiele aufgreifen, nachahmen, übertragen, erweitern.
- illustrieren, dass nicht alles geändert werden muss, weil auch die Vergangenheit wertgeschätzt wird.

Die beteiligten Personen der MS Strullendorf am „Projekt Ganztagesklasse" durchlaufen bei dieser Evaluation mit Appreciative Inquiry einen linearen Prozess mit vier Phasen, welche im Nachfolgenden in Abb.11 ersichtlich sind:

---

126 vgl. David L. Cooperrider, Diana Whitney, Jacqueline M. Stavros (2008): Appreciative Inquiry Handbook: The First in a Series of AI Workbooks for Leaders of Change, S.433

127 vgl. Cooperrider, D. L., Whitney, D.,(2009): Appreciative Inquiry: A New Story of Positive Change for Business and World Benefit, John Wiley & Sons Inc.

Abb.11: Die Phasen einer AI

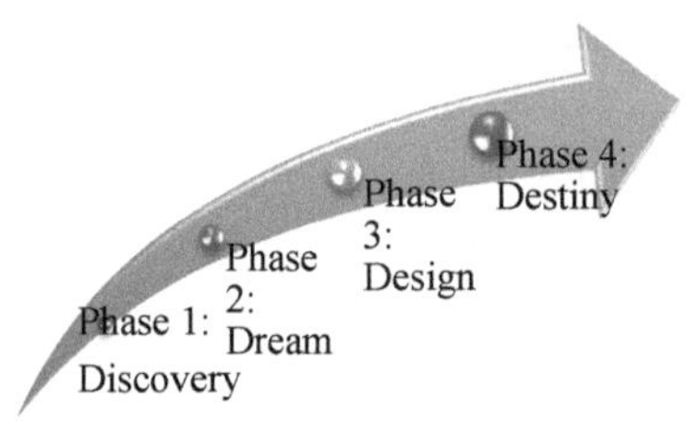

Bevor man in den Prozess einsteigt, müssen zunächst die Schulleitungen bzw. Evaluatoren – alternativ dazu kann auch ein Kernteam eingesetzt werden - festlegen, wonach sie suchen und was sie erreichen wollen! Dabei wird ein sog. Interviewleitfaden entwickelt!

Eigene Darstellung in Anlehnung nach Cooperrider & Whitney & Stavros (2008): S.101ff

Für die MS Strullendorf sind die einzelnen Phasen dabei nach folgenden Inhalten durchzuführen:

- Discovery: In diesem ersten Schritt wird herausgearbeitet, was die Kollegen besonders gut am Projekt fanden, was besonders toll geklappt hat, was Spaß gemacht hat,.... Es werden nur positive Aspekte genannt. Auch Personen können in die Nennung eingebaut werden.

- Dream: Hier sollen die Projektteilnehmer erkunden was sein könnte. Was könnte man mit demProjekt bzw. mit den positiven Elementen des Projekts noch erreichen?

- Design: Hier wird nun aus den Ergebnissen der Phasen 1 und 2 festgelegt, was sein soll.

- Destiny: In dieser Phase wird nun geplant, was sein wird. Man geht also in die konkrete Phase über. Ergebnisse dieser Phase gehen dann direkt in die „Section of an new vision“ über.

2.4.4.2 Section of a new vision

Besonders im Hinblick auf die "section of a new vision"-Phase ist die Entscheidung für die Methode der Appreciative Inquiry nachvollziehbar. Fundraising soll ein immer fortlaufender Prozess sein.

Aus der „Destiny"-Phase von AI soll eine neue Zielsetzung, Ausweitung oder Verbesserung des alten Fundraisingprojekts oder eine „new vision" für ein neues Fundraisingprojekt entstehen.

2.5 Fazit

Fundraing ist ein für die heutige Zeit unumgängliches Instrument zur Ergänzung der staatlichen Grundfinanzierung. Dabei ist professionelles Vorgehen für die Zielerreichung unbedingte Notwendigkeit.
Der vorliegende Beitrag

- grenzt Fundraising und Sponsoring voneinander ab. Dabei werden aus den gewonnenen Erkenntnissen Folgerungen für die Masterthesis gezogen.

- ordnet Fundraising für Mittelschulen in Bayern rechtlich und steuerlich ein.

- entwickelt ein theoretisches Fundraisingkonzept für die MS Strullendorf und zeigt dabei praktische Möglichkeiten der Umsetzung auf. Dabei wird, in Anlehnung an erfolgreiche Konzepte - ein eigener Fundraisingkreislauf aufgestellt, welcher anschließend Punkt für Punkt theoretisch abgearbeitet wird, so dass die MS Strullendorf anhand dieses Schemas Fundraising betreiben kann.

Wichtig ist es allerdings an dieser Stelle zu erwähnen, dass beim Fundraising stets auch ethische Grundsätze beachtet werden müssen. Die FASPO[128] hat im

[128] FASPO (=Fachverband für Sponsoring e.V)

Bezug auf Sponsoring dahingehende Grundsätze entwickelt, die in abgeänderter Form auch für das Fundraising für Schulen gelten müssen.

Im Folgenden nun eine Liste der n.m.E. für Schulen wichtigen ethischen Grundlagen beim Fundraising:

Tabelle 4 : Ethische Grundsätze beim Fundraising
Fundraising sollte

➢ **Kultur, Sport, Wissenschaft in der Schule fördern .**
➢ **stets Glaubwürdig sein und der Schule Ansehen bringen.**
➢ **geprägt sein von Offenheit, Anstand und Fairness**
➢ **die Würde, Eigenständigkeit und Autonomie der Gesponserten achten**
➢ **von Begeisterung für die Sache getragen sein.**
➢ **bei der Auswahl der Mittelgeber die Identifikation mit der Schule voraussetzen.**
➢ **nur Mittelgeber auswählen, sich mit ihrer Unterstützung der Verantwortung gegenüber der Schule bewusst sind.**
➢ **von hoher Kontinuität und Engagement aller Beteiligten getragen sein.**
➢ **sich stets im Rahmen geltender gesetzlicher Regelungen bewegen.**

Quelle: Eigene Darstellung in Anlehnung an die Grundsätze der FASPO in: Hermanns, A./ Marwitz C. (2008): Sponsoring- Grundlagen, Wirkungen, Management, Markenführung, S.281/282

Anlage zu Kapitel 2:

FIRMA	Schulkontakt	Früher bereits unterstützend	Projektzuspruch	Ausbildungsbetrieb	Firma hat einen guten Ruf in der	Uneigennützigkeit der	Anzahl der Plus	Anzahl der Minus
BioThera								
CARO Druck & Verlag GmbH								
Dachdeckerei Starklauf Thomas								
Distler Rolladenbau								
Duven Gartenbau								
Einkaufsparadies im Schwalbenhof								
Elektro Seelmann								
eMeister Reinhard								
Energieberater (HWK)								
Feine Holzarbeiten W. M. Uebelmann								
Fritz Vogler Transport GmbH								

Fuchs Bäckerei								
Glocken-Apotheke								
Holzhandel Gunreben								
Ihr Partner für Sauberkeit & Hygiene								
IMI - Institut für Medieninnovation								
Ing. Büro ibs								
KACHELMANN Getriebe GmbH								
Kraus Metallbau - Klempnerei GmbH & Co. KG								
Metallbau Maier								
modern media production								
Pfistner-Baumschule								
Otto-Shop Strullendorf								

R. Vogler Erd-und Abbrucharbeiten								
Rathaus								
Radsport Baier								
Radsport Zimmermann								
Rechtsanwaltskanzlei Dräger								
RENT A DRIVER								
Schuheinzelhandel Köhler								
Sparkasse Bamberg								
Spedition Pflaum								
SR-Gerüstbau GmbH und Malereiunternehmen								
VR –Bank Bamberg								
Winkler Bäckerei								

Kapitel 3: Sportbasierte Fairnessentwicklung und Kooperationsentwicklung als bedeutsamer Beitrag zum sozialen Lernen

Anlässlich einer Sitzung des Ausschusses zum sozialen Lernen vor einigen Jahren an einer Hauptschule wurde von mir der Vorschlag unterbreitet, ein Sportprojekt zur Verbesserung des sozialen Lernens aus pädagogischer Sicht zu gestalten. Aufgrund eklatanter Schwächen der Schüler in diesem Bereich bekam ich den Auftrag der Planung, Organisation und Durchführung einer pädagogischen Konzeption zu diesem Schwerpunkt.

Da die Schüler der 7. Klassen nach Ermessen der Lehrkräfte am wenigsten zum sozialen Lernen bereit waren, wurde diese 80-köpfige Gruppe als primäres Objekt ausgesucht. Das Konzept ist allerdings so entworfen, dass es mit kleinen Modifikationen in der Planung für alle Jahrgangsstufen und Schularten einsetzbar ist.

Als zeitlicher Rahmen für die Durchführung wurde zunächst ein Schultag als Planungsbasis genommen.

Eindeutige Zielsetzung des Projektes ist es, durch Aktivitäten im Fairness- und Kooperationsbereich einen bedeutsamen Beitrag zum sozialen Lernen zu leisten.

3.1 Wahl und Begründung des Themas

Die Gesamtheit der heutigen Kinder und Jugendlichen leben im Vergleich zu(r) früheren Generation(en) in veränderten – v.a. die Primärerfahrungen verschiebenden – Umständen. Ersterfahrungen resultieren aus Inszenierungen, die der Computer, das Fernsehen und die restliche Medienindustrie bereithält[129]. Diese forcieren dann den Schwerpunkt auf Krieg, Kriminalität, Kämpfen, Töten, Aggression, ..., kurz: „Sachen welche viele Schüler von heute in ihren Bann ziehen“[130].

Kids lernen sehr schnell (und oft von Erwachsenen vorgelebt), dass sie in einer Ellbogengesellschaft leben, in der Verhaltensweisen wie Aggression z.B. im Straßenverkehr, in der Familie, im Beruf, im Sport oder andere sozial schädliche Verhaltensmuster wie Egoismus, Leistungsverweigerung, Schädigung der Gesellschaft, ... geduldet und sogar propagiert werden.

Zu beobachten ist eine Zunahme der an den Rand gedrängten Jugendlichen, was – empirisch belegt[131] - kausal für die zunehmende Gewaltbereitschaft und den Anstieg der Jugendkriminalität spricht. Tagtäglich konfrontiert die Medienlandschaft mit (aggressiven) Gewalt- und a-sozialen Handlungen immer jünger werdender Personen. Dies und die immer geringer werdende Hemmschwelle zeigen auch großangelegte Studien auf, die eindrucksvoll belegen, dass 10 bis 12 Prozent der Schüler an psychischen Störungen vor allem in den Bereichen Leistung, Emotion und Sozialkontakt (einschließlich des Fehlens der sozialen Lernbereitschaft) leiden[132].

Die aufgezeigte Situation, welche die Brisanz des Themas als Gegenstand dieser Arbeit verstehen lässt, ist keineswegs Schwarzmalerei. Selbst pädagogische Positionen, die aus einer „verstehenden Perspektive“ Betrachtungen durchführen, kommen zu dem Schluss, dass sozial auffällige Schüler zur

---

129 vgl. Breiten 1997, S.109ff
130 Zitat eines Schülers der HS zu Gewalttaten im TV und bei Computerspielen
131 vgl. Wopp 1999, S.343
132 vgl. z.B. Hurrelmann 1995 in Valentin Portmann (1995)

pädagogischen Normalität gehören[133]. Besonders in Grund-, Haupt- und Förderschulen klagen - einer repräsentativen Umfrage unter 3560 Lehrern dieser Schularten zu Folge - 20 Prozent der Lehrkräfte unter ständigen sozialen Konflikten und 45 Prozent sprechen von häufigen sozialen Konflikten mit verbalen und körperlichen Aggressionen der Schüler[134].

Nicht nur für das Klientel der Hauptschullehrer wird die Arbeitserledigung aufgrund von vermehrt verhaltensauffälligen und gewaltbereiten Schülern drastisch erschwert[135]. Schwerwiegende Vorkommnisse z.B. Freißing, Erfurt, Coburg... untermauern dies.

Aktuelle Probleme liegen somit vor allem im zwischenmenschlichen Bereich, in der Unsicherheit von Kontakten, Beziehungen und dem Umgang mit sich selbst. Die gesellschaftlich gegebenen Möglichkeiten der Selbstentfaltung und Selbstständigkeit stehen in ambivalentem und doch kausalitärem Zusammenhang zu sozialer Unsicherheit, unausgeprägtem sozialem Lernen und einem „verkrüppelten Verständnis" von Fairness und Kooperation.

Die Entwicklung sozialer Kompetenzen bzw. die Förderung des sozialen Lernens als Überbegriff muss in unseren Schulen verstärkt gefördert werden. Nicht nur, weil unsere Schulart von Aggressivität und sozialen Krisenpunkten besonders betroffen ist, sondern v.a. auch weil Schule einen große Einfluss auf die Kinder nehmen kann. Lehrer werden zunehmend, vor allem im rein pädagogischen Bereich, gefordert sein.

Eine wichtige Rolle übernimmt dabei der Sport in der Schule, weil dieser besondere Unterricht die Möglichkeit hat die Schüler emotional geöffnet, leidenschaftlich und engagiert zu treffen und diese so positiv zu beeinflussen. Motorisches Lernen vollzieht sich im Sport sehr häufig in sozialen Zusammenhängen. Sportunterricht sollte in Prozessen stattfinden, die auf

---

133 vgl. Werning, Rolf (2003) in: Lernchancen 33/34 S.2ff

134 vgl. dpa, „Stress im Klassenzimmer" in: SZ vom 14.05.2003

135 Auszug aus der Regierungserklärung der Bayerischen Staatsministerin für Unterricht und Kultus,Monika Hohlmeier, am 25. Juni 2003 im Bayerischen Landtag, S.32ff

Kooperation, Kommunikation, Miteinander und Fairness ausgerichtet sind und sich in Situationen des Mit-, Für- und Gegeneinander ereignen. Soziales Lernen und Handeln ist somit grundlegend für sportliches Denken und Handeln. Viele Sportarten und Übungen sind auf die Beteiligung mehrerer Schüler angewiesen. Kinder lernen im Sport Kooperieren, Fairplay, Aushandeln und Einhalten von Regeln, sowie Umgang mit Sieg und Niederlage.

Dieser positive Einfluss des Sportunterrichts auf das prosoziale Verhalten lässt nicht verwundern, dass bereits seit den 70er Jahren eine intensive Diskussion in der Sportpädagogik geführt wird, inwieweit der Sportunterricht intentional-soziale Erziehungsziele beinhalten solle.

Dieses soziale Lernen spiegelt sich nicht nur im sog. heimlichen Lehrplan wieder und ist nicht nur im Auftrag der Hauptschule und im Kapitel über die Erziehung in der Hauptschule gefordert, sondern verbalisiert sich auch im aktuellen Fachlehrplan für den Sportunterricht:

Ziele Ein zentrales Anliegen des Sportunterrichts an der Hauptschule ist es, die Schüler über Körper- und Bewegungserfahrungen zu gesundheitsbewusstem, fairem, tolerantem sowie umweltbewusstem Verhalten zu erziehen. Den Schülerinnen und Schülern werden in Reflexionsphasen Körper- und Sozialerfahrungen bewusst gemacht, damit langfristig positive Verhaltensweisen zur Gewohnheit werden. Die Schüler sollen vor allem einen Grundbestand sportmotorischer Fähigkeiten und Fertigkeiten in den Schulsportarten erhalten und dazu befähigt und motiviert werden, sich über die Schulzeit hinaus sinnvoll und selbstständig sportlich zu betätigen.
Lernbereich Fairness, Kooperation Sportunterricht beinhaltet soziales Lernen und bietet Handlungs- und Erfahrungsgelegenheiten für eine praxisorientierte Sozialerziehung. Regelentsprechendes Handeln und die damit verbundene Achtung des Gegners als Partner in einem gemeinsamen Leistungsvergleich erziehen die Schüler zur Fairness. Sie erkennen die Notwendigkeit, die eigenen

Interessen zeitweise zurückzunehmen und Verständnis, Nachsicht und Toleranz zu zeigen. Das Handeln in der Gemeinschaft sowie das Sichern, Unterstützen und Helfen durch Lehrer und Schüler fördert zudem die Kooperation.

(In Anlehnung an den amtlichen Lehrplan für die Hauptschule in Bayern)

Es wird somit die Arbeitshypothese aufgestellt, dass die Entwicklung von Fairness- und Kooperation durch Sport an der Hauptschule einen bedeutsamen Beitrag zum sozialen Lernen leistet.

3.2 Abgrenzung und Zentrierung des Themas

„Sportbasierte Fairnessentwicklung und Kooperations-entwicklung als bedeutsamer Beitrag zum sozialen Lernen ", so der Titel des Beitrags. Dieser liefert, aufgrund der Komplexität der Schlüsselbegriffe als logische Konsequenz eine notwendige Kausalität für eine präzise Abgrenzung. Diese Abgrenzung und Fixierung erfolgt durch Definition und Festlegung der Schlüsselbegriffe, sowie durch Formulierung des Bezugs zur Themenstellung.

3.2.1 Zum Begriff des sozialen Lernens

Der Begriff „soziales Lernen" ist sehr vielseitig, verwirrend und nicht eindeutig festlegbar, da die Grenzbereiche dieses Prozesses fließende Übergänge aufweisen.

Inhaltlich ist die Begriffsbestimmung ambivalent, denn „das Spektrum der Begriffsverwendung resultiert allein schon daraus, dass soziales Lernen einmal die Zielebene erzieherischen Handelns erfasst, zum anderen Aussagen über den Erziehungsprozess macht und dabei besonders die Sozialform (z.B. des Unterrichts) anspricht[136]". Verwirrung stiftet nun vorwiegend der unterschiedliche Gebrauch in den einzelnen Wissenschaftsbereichen

136 Vgl. Pühse, Uwe: Soziales Lernen im Sport. Ein Beitrag zur sportpädagogischen Lernzieldiskussion. Bad Heilbrunn 1990.

(Psychologie, Soziologie, Pädagogik...). Daher ist es von Nöten sich einer Richtung anzuschließen und von dieser Position aus zu argumentieren[137].

Gegenstand bzw. Zielbezug dieser Arbeit soll nun der Begriff des sozialen Lernens aus (sport)pädagogischer Sicht sein. Der begriffliche „Auftritt“ des sozialen Lernens in der pädagogischen Diskussion erfolgte erstmals um 1970. Man erkannte, dass neben den „kognitiven Fähigkeiten“ auch die sozialen Verhaltensweisen für Erziehung und Bildung bedeutsam waren.

Das soziale Lernen stellt hier ***„die Folge der Interaktion zwischen zwei oder mehreren Menschen dar, bei der von anderen und mit anderen gelernt wird“*[138].** Gemeint sind hier also folglich Situationen verbaler und nonverbaler Verständigung. Soziales Lernen führt, und hier schließe ich mich Dorothea Luther an, zum Erwerb von Einstellungen und Werthaltungen[139].

=> Ziel des sozialen Lernens v.a. im Sportunterricht muss es sein, die Kommunikationsfähigkeit, Kontaktfähigkeit, Kooperationsfähigkeit, Solidarfähigkeit, Fairness, Konfliktfähigkeit, soziale Sensibilität, Toleranz, Kritikfähigkeit und den Umgang mit Regeln zu fördern[140].

Besonders aus sportpädagogischer Sicht ist der Schulsport prädestiniert dafür durch geeignete Maßnahmen diese Ziele anzustreben, da er eine Vielzahl von Anlässen und Ansätzen bietet[141].

---

137 Die Darstellung aller Positionen würde den Rahmen dieser Arbeit sprengen und wäre auch nicht Sinn der Sache. Stattdessen ist es wichtig die Sicht kurz darzustellen aus welcher in dieser Arbeit argumentiert wird.

138 vgl. Petillon, Hanns: Soziales Lernen in der Grundschule. Anspruch und Wirklichkeit. (Themender Pädagogik). Frankfurt am Main 1993.

139 vgl. Luther, Dorothea: Integrative Werteerziehung in Schule und Unterricht, Regensburg 1998.

140 vgl. Größing, Stefan: Einführung in die Sportdidaktik (7. Aufl.), S.132ff, Wiesbaden 1997

141 ebd., S.134-137

3.2.2 Fairness- und Kooperationsentwicklung durch Sport als Beitrag zum sozialen Lernen?

Ziel dieser Arbeit ist es zu zeigen, dass die gezielte Entwicklung von Fairness und Kooperation durch Sport einen Beitrag zum sozialen Lernen leistet.

Dafür muss für die Organisation aufgezeigt werden, welche Definition von Fairnessund Kooperation dieser Arbeit zugrunde liegt:

Der Begriff der Fairness, welcher für diese Arbeit richtungsweisend ist, stellt in derLiteratur eine nicht einheitliche, aber in der Tendenz ähnliche, Linie dar. Auch ist Fairnessnicht mit Fair Play zu verwechseln, da Fair Play in seiner Bedeutung zu eingegrenzt ist.

Im Folgenden wird nun anstelle oder als Definition (je nach Auffassung) eine stichpunktartige Aufstellung gegeben, was Fairness, speziell im Sportunterricht, beinhalten muss:

► Anerkennung und Einhaltung von Spielregeln
► Partnerschaftlicher Umgang (mit Mitschülern) [oder Gegnern]
► Fähigkeit sich in kritischen Situationen von der eigenen Rolle zu distanzieren
► Auf gleiche Chancen und Bedingungen zu achten
► Das Gewinnmotiv zu begrenzen (Anmerkung: Daher Verzicht auf Kampfsport in diesem Projekt)
► Haltung bei Sieg und Niederlage bewahren

Verlangt ist nicht nur die formelle Beachtung von Regeln. Nie werden geschriebene Regeln die menschliche Haltung der Fairness ersetzen können. [...],der das beachtet, handelt nicht nach dem Buchstaben, er handelt nach dem Geist“[142]. (gemeint ist der „Geist“ der Fairness) .

[142] Richard von Weizäcker in einem Interview der ARD vom 14.08.1993 auf die Frage nach demFairnessbegriff

Kooperation, welche nach gängigen Definitionen stets die Zusammenarbeit zwischen zwei Personen darstellt, um ein Ziel in gemeinsamer Anstrengung zu erreichen[143], ist nach meiner Ansicht zu weit gefasst. Kooperation soll sich – zumindest im Rahmen dieser Arbeit – zusammensetzen aus Kooperationsfähigkeit und kooperativem Handeln[144]. Daher liegt für mich Kooperation dann vor, **wenn zwei oder mehr kooperationsfähige Personen gemeinschaftlich handeln.**

Kooperationsfähig wäre dann eine Person, wenn sie eigene Interessen und Wünsche adäquad vertreten kann und zugleich die Bedürfnisse Anderer respektiert und akzeptiert. Kooperationsfähigkeit setzt soziale Sensibilität voraus als *„die Fähigkeit der Interaktionspartner, die Andersartigkeit des Anderen bewusst aufzunehmen, sie anzuerkennen und sich auf die Gemeinsamkeit mit ihnen einzustellen“*[145].

Kooperatives Handeln stellt in diesem Zusammenhang eine Umorientierung von der Dominanz individueller Leistungsdarstellung zur Bereitschaft dar, mit den Partnern im Sport so in Beziehung zu treten, dass ein gegenseitiger Austausch von Absichten und Wünschen, Einstellungen und Erwartungen möglich ist, ohne das Ausnutzen individueller Vorteilspositionen.

Wie entwickelt man nun aus fairem und kooperativem Arbeiten im Sportunterricht soziales Lernen?

Nun. Diese Frage lässt sich für die Grundlegung dieser Arbeit folgendermaßen beantworten: Es wird versucht durch gezielte Auswahl an geeigneten Methoden aus dem Bereich Fairness und Kooperation die oben genannten Ziele[146] sozialen Lernens zu fördern bzw. zu entwickeln.

---

143 vgl. Heinemann 1998, S.163ff.
144 vgl. Blumenthal, Ekkehard, 1993, S.22ff.
145 ebd.
146 vgl. S.4

3.2.3 Amtlicher Teil und Legitimation des Themas

Wie oben bereits angesprochen ergibt sich die Problematik des Themas und dessen Legitimation explizit aus den amtlichen Vorschriften:

In den fachbezogenen Unterrichts- und Erziehungsaufgaben des Bereichs Sport in der Hauptschule wird als Zielsetzung u.a. genannt, dass „ es zentrales Anliegen des Sportunterrichts in der Hauptschule ist, die Schüler [...] zu fairem, tolerantem [...] Verhalten zu erziehen." Des Weiteren werde den Schülern z.B. in Reflexionsphasen Körper- und Sozialerfahrung bewusst gemacht, damit langfristig positive Verhaltensweisen zur Gewohnheit werden[147].

Im Lernbereich Fairness- und Kooperation, der bereits in der Themenbegründung dargelegt worden ist[148], wird dabei noch exakter auf den Bereich des sozialen Lernens eingegangen und innovative Sozialerziehung explizit gefordert. Dies hat zur unmittelbaren Folge, dass der Lernbereich Fairness und Kooperation durchgehend in jeder Jahrgangsstufe behandelt wird und die Schwerpunkte „Regelgeleitetes Handeln", „Handeln in der Gemeinschaft" und „Sichern, Unterstützen, Helfen" als Oberbegriffe anbietet.

Exemplarisch wird im Lehrplan für die Jahrgangsstufe 7 Folgendes genannt:

7.2 Fairness, Kooperation

Die Schüler sollen zunehmend sensibel werden für Voraussetzungen und Bedingungen gemeinschaftlichen Sports. Sie lernen, Aktivitäten und Regeln mit Klassenkameraden unterschiedlichen Leistungsniveaus kooperativ zu gestalten und Verantwortung für ihren Partner zu übernehmen.

7.2.1 Regelgeleitetes Handeln

- den Gestaltungsspielraum von Regeln erkennen und diese in spezifischen Situationen an die (z.B. körperlichen) Voraussetzungen der Mitspieler anpassen

147 vgl. Lehrplan für die Hauptschule lt. ISB Bayern

148 vgl. S.3

- individuelle Regelinterpretationen, die u. U. einem gemeinsamen Spiel entgegenlaufen,gemeinschaftlich klären, sowie die Folgen von Regelverstößen erfahren und Sanktionen alsnotwendige Konsequenzen einsehen
- erste eigenständige Schiedsrichteraufgaben übernehmen

7.2.2 Handeln in der Gemeinschaft
- aus der Spielidee die Bedeutung verschiedener Spielerpositionen ableiten
- begrenzte Unterrichtsvorhaben mitplanen und Aufgaben mit fest umrissenem Verantwortungsbereichübernehmen
- die eigenen Interessen mit den Interessen der Gruppenmitglieder abstimmen

7.2.3 Sichern, Unterstützen, Helfen
- Unterrichtssituationen erkennen, in denen der Partner Hilfe benötigt [...]

„Schule (und Sportunterricht) muss den Kindern helfen, sich selbst, ihre Mitmenschen und ihre Umwelt richtig einzuschätzen, mit der eigenen Persönlichkeit zurecht zu kommen und sich aus eigenem Interesse heraus in die Gemeinschaft einzubringen" so zitiert der Kommentar zum Fachprofil Sport Monika Hohlmeier und folgert u.a. daraus, dass vor allem der **Schulsport durch den Lernbereich Fairness- und Kooperation die Ansprüche einer wirklichkeitsnahen Sozialerziehung erfüllen kann**[149].

[...] Auch musste man erkennen, dass der Sport wohl ein wichtiges Erfahrungsfeld für soziales Lernen eröffnet, die Lernsituation aber nicht dem Zufall überlassen sein sollte, sondern entsprechend pädagogisch zu gestalten sind[150], so argumentieren die Autoren weiter.

149 vgl. Kommentar zum Hauptschullehrplan, 22.51, S.3 – S.5 in: Carl-Link Vorschriftensammlung, 13. Lieferung, Punkt 22.51

150 ebd.

3.2.4 Voraussetzungen der Lerngruppe

Bei der ausgewählten 80-köpfigen Lerngruppe handelt es sich förderndeweise um Jugendliche aus verschiedenen sozialen Schichten. Ein Junge und zwei Mädchen befinden sich in der Position der„Außenseiter“. Sie haben manchmal Probleme, sich in die Gruppengemeinschaft einzufühlen.

Dies hängt nach n.m.E. und den Beobachtungen der Sportlehrerin der Mädchen damit zusammen, dass sie zeitweise sehr stark nach Zuwendung bzw. Anerkennungsuchen und bei Misserfolg verbittert reagieren.

Ohne noch weiter auszuholen handelt es sich um eine Lerngruppe, die aufgrund ihrer Ambivalenz für dieses Projekt absolut geeignet ist

3.2.5 Besondere Hinweise

Um das Projekt zu unterstützen, müssen auch gewisse Anforderungen an die Lehrkraft gestellt werden. Daher werden folgende Punkte mit den am Projekt beteiligten Lehrern durchgesprochen und in die gesamte Projektplanung grundlegend integriert:

Kooperative Aufgaben planen	Leistungen chancengleich bewerten	Kooperationsfördernde Rückmeldungen geben
Didaktischen Ort einplanen	Gruppenprozesses bedenken	Verändertes Rollenverständnis
Empathiefähigkeit	Ambiguitätstoleranz[151]	Kooperation mit Kollegen

Tabelle 5: Anforderungen an die Lehrkräfte

151 Ambiguitätstoleranz meint das Aushalten von Konflikten

3.3 Praxisteil

Das als Sportprojekt innerhalb des Sportunterrichts angelegte Vorhaben unterteilt sich in Projektinitiative, Projektplan, Projektdurchführung und Abschluss des Projekts.

3.3.1 Projektinitiative

Zur Entwicklung des Projekts, sowie dem Aufgriff der Projektinitiative sei hiermit auf die Vorbemerkung verwiesen.

3.3.2 Projektplan

Wichtig ist hier festzulegen, was tatsächlich, wie, von wem und in welchem temporären Stadium „angepackt" werden soll.

Zu meinen, dass man „mal schnell" ein paar Übungen mit Schülern macht und daraus ableiten kann, dass diese nun in ihrem sozialen Lernen auf lange Sicht gefördert worden sind, wäre utopisch. Eine kurzweilige Förderung des sozialen Lernens, mit einer Mindesthaltbarkeit von einer Woche ist ebenfalls nicht erstrebenswert.

Um am Ende des Projekts, realitätsbezogen und objektiv Resümee ziehen zu können ist es notwendig über einen längeren Zeitraum mit den Schülern zu arbeiten. Das Projekt ist in folgende sechs Schritte eingeteilt:

- **Aufnahme einer „Ist" Analyse im Bereich soziales Lernen, Fairness und Kooperation**

Hierbei haben alle Lehrkräfte, welche die Schüler unterrichten, eine Bewertung über Bereiche abzugeben, die den Zielstellungen des sozialen Lernens entsprechen. Dadurch kann ein aktueller Stand ermittelt werden, der es zulässt am Ende des Projekts einen positiven, negativen oder neutralen Lernprozess zu ermitteln.

Bei diesem Verfahren wird der Mittelwert aller Aussagen pro Fragestellung genommen. Auf diese Weise lassen sich Veränderungen tendenziell bestimmen[152].

- **Durchführung eines Projekttages in Form eines gemeinsamen klassenübergreifenden und koedukativen Sportunterrichts**

Der Projekttag bildet den Schwerpunkt des gesamten Projekts, da hier die grundlegenden Sensibilisierungen für das Thema und die Öffnung der Schüler für die sozialen Zielsetzungen versucht werden zu legen.

Für die Durchführung des Projekttages wird ein Organisationsrahmen ähnlich der Bundesjugendspiele angenommen. Es werden Stationen zu bewältigen sein, die nach ausgewählten Gesichtspunkten von Fairness und Kooperation geeignet sind soziales Lernen zu fördern. Bei jeder Station können die Schüler Punkte sammeln oder verlieren. Beaufsichtigt wird jede Station von einer Lehrkraft. Der zeitliche Rahmen umfasst einen Schultag von 8.00h – 13.00h.

Zunächst werden alle Schüler der 7ten Klassen in 8 Gruppen zu je 10 Mitgliedern eingeteilt. Wichtig ist, dass die Schüler keinen Einfluss auf die Bildung der Gruppen haben. Daher zieht jeder Schüler zu Beginn des Tages, bei dem sich alle in der Aula treffen, ein Los. Jedes Los beinhaltet sowohl eine Zahl und einen Buchstaben, als auch eine farbliche Markierung. Das lässt die Schüler in der Schwebe, nach welchen Kriterien sie den Gruppen zugeordnet werden. Somit wird einer schülergesteuerten Gruppenbildung vorgebaut.

Nach einem einleitenden Kurzvortrag über Sinn und Bedeutung des Tages, bekommt jede Gruppe einen zeitlichen Plan[153] zugewiesen, der festlegt „wann" jede Gruppe „wo" zu sein hat. Neben diesem Plan erhält jede Gruppe eine sog. Laufkarte[154], auf welcher die Stationen genannt sind und ersichtlich wird, dass

152 vgl. für das Verfahren (vereinfacht): In Anlehnung an Frey,A&Balzer,L. in: Empirische Pädagogik 2003,17(2) S.148-175 : Soziale und methodische Kompetenzen – der Beurteilungsbogen smk

153 vgl. Anhang B

154 vgl. Anhang C

die Schüler an jeder Station Punkte sammeln können. Diese Erreichbarkeit einer Punktzahl ist wichtig für den zusätzlichen Motivationsstimulus[155].Der organisatorische Rahmen, an dessen Ende ein Gastvortrag eines Sozialpädagogen und des Jugendbeauftragten der Polizei sowie die Überreichung der Urkunden steht, ist unbedingt einzuhalten, damit die Schüler ihre Schulbusse erreichen.

An jeder Station haben die Schüler Aufgaben aus dem Bereich des Sport zu erfüllen, welche für die Zielstellung „Beitrag zum sozialen Lernen leisten" geeignet sind. Die Punkteverteilung erfolgte nach der Zielsetzung und weniger nach dem Leistungsprinzip. Dabei wurde versucht eine übergreifende Regelmäßigkeit in die Punkteverteilung einzubringen (Was nicht immer möglich war).

Um eine Auswahl an allen möglichen Methoden zu erhalten und eine effektive Spannbreite an sozialen Lernkomponenten abzudecken entwickelte ich folgende Grafik, aus welcher sich das Stationsangebot und **die angestrebten Lernziele** ableiten lassen:

---

155 vgl. McDonald, G. & Hodgon, J.A.: Psychological effects of aerob fitness training. S.72ff.

Fairness- und Kooperationsentwicklungdurch:

Regelgeleitetes Handeln	**Handeln in der Gemeinschaft**	**Sichern, unterstützen, helfen**

in Form von folgenden Aktivitäten:

Die Flussüberquerung	**Die gemeinsame Entwirrung**	**Sensibilisierungs-schulung**	**Miteinander-Füreinander**	**5 und Wurf**	**Das eigene Spiel entwickeln**	**Fußball**	**… Schüler-ideen**

Als Beitrag zur Förderung für

die sozialen Lernziele

Kommunikations-fähigkeit	Kontakt-fähigkeit	Kooperations-fähigkeit	Solidar-fähigkeit	Konflikt-fähigkeit	Regel-umgang	Soziale Sensibilität	Toleranz	Kritik-fähigkeit	Fairness

Abb.12 Über-sicht der Ziele

Evaluation und Auswertung des Projekttages

Die Evaluation des Projekttages ist als Station 9 in den Projekttag selbst integriert und dient dazu den Lernzuwachs der Schüler zu erfragen, Einstellung(sänderung) zu interpretieren und wenn möglich Zusammenhänge zum Gesamtziel „Soziales Lernen“ aufzuzeigen. Außerdem bekomme ich hier ein Feedback für den Erfolg des Tages.

Einbindung der Inhalte des Projekttages in den Sportunterricht über einen gewissen Zeitraum

Wie bereits oben erwähnt muss soziales Lernen durch Fairness- und Kooperationsentwicklung aus bereits erörterten Gründen über einen längeren Zeitraum betrieben werden. Aus diesen Gründen gebe ich die einzelnen Aktionsformen, sowie die selbsterfundenen Spiele der Schüler den SportlehrerInnen als Skript an die Hand. Die Zielvorgabe lautet, über einen Zeitraum von drei Monaten, jeweils zu Beginn und am Ende der Sportstunde, ein Element davon in den Unterricht einfließen zu lassen. Eine Überprüfung findet wöchentlich in einer kurzen Konferenz statt. Dabei werden Rückmeldungen gegeben und innovative Vorschläge mit eingearbeitet.

Abschluss des Projekts mit integrierter Interpretation der aktuellen „Ist“- Analyse

Vergleichsanalyse zu S. 7 mit derselben Schwerpunktsetzung. Gestaltet als Abschluss der gesamten Arbeit mit Resümierung.

3.3.3 Projektdurchführung

3.3.3.1 Spezifizierte „Ist"-Analyse der Schüler vor Beginn des Projekts

Da die Ergebnisse des sozialen Lernen zwar durch Sportunterricht entwickelt werden sollen, jedoch auf den gesamten Unterricht und das Gesamtverhalten der Schüler Einfluss haben, wurden alle 18 Lehrer, welche die Schüler gegenwärtig haben mit Hilfe des Fragebogens 1[156] befragt. Die folgende Grafik[157] spiegelt die Ergebnisse wieder:

Die Kommunikationsfähigkeit der Schüler untereinander ist gut	4,66
Die Schüler sind positiv Kontaktfähig, aufgeschlossen und Tolerant	5,42
Die Kooperation der Schüler untereinander ist sehr gut	4,85
Der Begriff Fairness spielt für die Schüler eine übergeordnete Rolle und charakterisiert ihre Handlungen	5,5
Die Schüler zeigen gegenüber Anderen soziale Sensibilität und Mitgefühl	4,8
Die Schüler sind in der Lage konstruktive Kritik zu üben und gerechtfertigte Kritik an sich zu akzeptieren.	6,0
Die Schüler halten Regeln ein und fordern dies auch von Anderen	4,5
Fairness und Kooperation ist bei den Schülern besonders ausgeprägt	5,0
Das tägliche Verhalten der Schüler kann man als „sozial", sowohlim Sportunterricht, als auch in anderen Unterrichtsfächern bezeichnen	4,944

Tabelle 6: Ergebnisse der „Ist"-Analyse

156 vgl. Anlage D

157 Bei den Ergebnissen wurde der Mittelwert aller Antworten genommen, so dass ein evaluatorischerVergleich am Ende des Projekts durchgeführt werden kann.

Es ist sehr gut ersichtlich, dass sich die Spannbreite der Resultate zwischen den Werten 4,66 und 6,0 befindet. Für den gegenwärtigen Stand bedeutet dies, dass alle befragten Lehrkräfte den Aussagen im Testbogen nicht zustimmen. Zusammenfassend kann man das gegenwärtige Schülerverhalten als absolut nicht sozial einstufen. Weiter kann man aus den Ergebnissen ersehen, dass bei den Schülern der Hauptschule, wie oben bereits angedeutet, ein absoluter Nachholbedarf in diesem Feld „Soziales Lernen“ besteht.

3.3.3.2 Durchführung des Projekttages „Fairness- und Kooperationsspiele“

Der Projekttag, der streng nach der obigen Planung durchgeführt worden ist, begann wie vorgesehen in der Aula der Schule. Die Schüler warteten vor der Tür. Um 7.55 durften die Schüler eintreten. Dabei stand ich neben dem Eingang mit einer kleinen Lostrommel aus welcher jeder der Schüler seine Nummer zog. Wie erwartet wollten gleich die Ersten versuchen, sich in einer Gruppe „zusammenzumischen“. Bemerkten aber kurz darauf, dass drei Kennzeichen auf den Losen[158] waren, was ihr Vorhaben im Keim erstickte.

Nachdem um 8.00h alle 76 Schüler (4 waren krank gemeldet) Platz genommen hatten begann ich mit meinem einleitenden Vortrag von ca.20 Minuten. Nach der Begrüßung der Schüler wurde ihnen erklärt, warum dieses Projekt durchgeführt wird und welche Zielsetzungen es hat. Dabei wurde besonders auf die Begriffe Fairness, Kooperation und soziales Verhalten eingegangen. Die Schüler wurden durch Fragen in den Vortrag mit eingebunden und konnten sich bereits hier zum Themenfeld äußern. Diese Möglichkeit nutzten einige Jungen teilweise konstruktive durch z.B.

[158] vgl. für ein Beispiel der Lose Anlage E

richtige Erklärungen von Fairness (in Form von Beispielen v.a. aus dem Bereich des Fußball).

Nach dem einleitenden Vortrag, wurde der organisatorische Rahmen des Tages erläutert. So erfuhren die Kids, dass sie heute in Gruppenarbeit verschiedene Stationen zu bewältigen hätten, die mit dem oben erläuterten Zielsetzungen gestaltet worden waren. Der Zeitplan, welcher jeder Gruppe an die Hand gegeben worden war, wurde erläutert, sowie der Sinn und die Verwendung der Laufkarte.

Nachdem diese Fragen geklärt waren, wurden 8 Gruppen zu 9 bzw. 10 Mitgliedern zusammengelost, indem jeweils eine Farbe und eine Nummer einander zugeordnet worden sind. Dieser Vorgang lief absolut reibungslos und ist für ein solches Vorhaben zu empfehlen. Jede Gruppe erhielt nun die bereits bekannte Laufkarte und den Zeitplan und wurde um 8.35 zu den einzelnen Stationen, an welchen sich bereits eingeteilte und eingewiesene Lehrkräfte befanden, losgeschickt.

Im Folgenden wird nun ein Einblick in die Arbeit und die Ergebnisse der einzelnen Stationen gegeben, indem Eindrücke, Bemerkungen, Ergebnisse und Besonderheiten einfließen, die von mir bzw. den anderen Lehrkräften gewonnen werden konnten.

(Jedem Stationsleiter wurde aufgetragen vor Beginn der Aktivität nochmals auf die Zielsetzungen einzugehen.)

Station 1: Die Flussüberquerung

Jeder Gruppe war der Spaß bei der Bewältigung dieser Aufgabe anzumerken. Die Lösung erfolgte bei Allen sehr schnell, kooperativ und untereinander fair.

Ausnahme bildete ein Schüler, der sofort alleine losarbeitete. Er bemerkte aber sehr schnell, dass diese Station nur zu bewältigen ist, wenn er mit den Anderen zusammenarbeitet.

Das Entwenden einzelner Kästen durch die Aufsicht verstärkte den Kooperationscharakter der Aktion immens. Vor allem die Solidar-, Kommunikations- und Kontaktfähigkeit war dadurch besonders angesprochen.

Schwierigkeit bereitete es, dass die Kästen relativ massiv waren und sich v.a. einige Mädchen schwer taten diese weiterzugeben.

Das war von der Planung her bereits gedacht. Aber Sicherheit im Sport geht vor und aus diesem Grund wurden Sportkästen und nicht Limokisten o.ä. ausgewählt.

Diese Schwierigkeit wandelte sich aber in positive Hilfeleistungen durch andere Schüler um.

Station 2: Die gemeinsame Entwirrung

Die größte Schwierigkeit bereitete bei Lösung dieser Aktion aus dem Bereich der kleinen Spiele nicht so sehr der Knoten, als mehr die Tatsache sich an den Händen fassen zu müssen. Erst nach Erläuterung der Zielsetzungen und „gutem Zureden" waren fast alle bereit sich der Bewältigung dieser „Aufgabe" (Hände fasse) zu stellen. Dies zeigt, sei es durch Erziehung oder einfach durch Pubertät, die soziale Sensibilität des eigenen „Ichs" der Schüler.

Ein Schüler, aus dessen Akte hervorgeht, dass er zu Hause massive Probleme hat, weigerte sich zunächst hier mitzumachen. Nach einer Weile

Zusehen und der Erkenntnis, dass die Gruppe durch ihn Punktabzug bekommen würde, überwand er sich doch und hatte großen Spaß wie man deutlich sehen kann (siehe Bild links: Junge im roten T-Shirt).

Es herrschte eine rege Kommunikation bei der Lösung des Knotens, die allerdings nicht immer besonders freundlich ausfiel, so dass einige Gruppenmitglieder erst nach Ermahnungen durch die Aufsicht faires und kooperatives Verhalten zeigten.

Verbesserungsvorschlag: Die Außenstehende Person wäre nicht nötig gewesen, da bei dieser Gruppenstärke noch eine gute Übersicht bestand.

Station 3: Sensibilisierungsschulung

Besonders bei dieser Station wurden die Schüler sozial sehr direkt mit Fairness- und Kooperation konfrontiert. Sich in die Lage eines Schülers zu versetzen, der im Sportunterricht als Letzter gewählt wird, ausgeschlossen, ausgelacht oder ausgenutzt wird war zunächst für die Schüler sehr belustigend. Erst die direkte Konfrontation der Schüler mit den einzelnen Situationen, die im Sportunterricht[159] auftreten können, ließ sie für das Thema offen werden. „Wir wissen wie man sich dabei fühlt. Das ist nicht toll!“ (so ein etwas dickerer Schüler beim ersten Durchlesen des Arbeitsblattes). Und es war so. Viele Schüler wussten aus eigener Erfahrung, wie es einem geht, der solche Probleme hat. Diese Schüler schafften es nach Aussage der aufsichtführenden Sozialpädagogin, sich ihren Frust von der Seele zu reden und die Anderen hörten zunächst zu. Danach versuchte die Gruppe kooperativ nach fairen Lösungen zu suchen und diesen Schülern zu helfen. Jeder versuchte dabei so gut es ging sich in die Haut des Anderen hinein zu versetzten. Die Sammlung der folgenden unkorrigiert und unkommentiert übernommenen Ergebnisse zeigt, wie effektiv und problemorientiert die Schüler gearbeitet haben:

[159] vgl. Anlage F

Vorgabe/Situation	Welche Situationen aus dem Unterricht fallen euch dazu ein?	Was denkt der betroffene Schüler	Was können wir tun?
Der Letzte sein. Einer aus der Klasse wird immer als Letzter gewählt	* Beim Mannschaften bilden * Zum Kapitän wählen * In allen Sportbereichen	* ängstlich * traurig * Schule schwänzen * Was passt mit mir nicht? * Die können mich alle!	* Miteinander reden * An sich arbeiten * Sich anfreunden * Mit dem Sportlehrer Lösungen suchen * Betroffene Schüler die Mannschaften wählen lassen.
Ausgelacht! Ein dicker Schüler purzelt vom Kasten	* …wenn man was nicht kann * Passiert halt unsportlichen Schülern * Kann in allen Sportbereichen passieren.	* Peinlich * Gekränkt * Traurig * Nächstes Mal mach` ich gar nichts mehr!	* Ursachen suchen * Hilfestellung geben * Zurückhalten und nicht lachen * Verständnis haben

Vorgabe/Situation	Welche Situationen aus dem Unterricht fallen euch dazu ein?	Was denkt der betroffene Schüler	Was können wir tun?
Ausgeschlossen! **Ein unbeliebtes Mädchen steht abseits**	* …wenn man sehr still ist * Ausländer * Unsportlichkeit	* Welchen Sinn hat derSport-unterricht, wenn ich eh immer der Looser bin.	* Das Mädchen mehr in die Sportgruppe reinbringen * Ihr sagen, was sie besser machen soll.
Ausgenutzt! **Einer schleppt allein die Matten**	* Aufräumen nach dem Gerätturnen * Helfen beim Aufbau	* Er fühlt sich ausgenutzt und bescheuert, will es aber nicht zeigen	* Mit dem Sportlehrer reden * Faulenzer direkt zurRede stellen

Station 4: Miteinander – Füreinander

Der Parcour wurde von mir am Morgen aus Zeitgründen nach einem selbstentwickelten Plan[160] aufgebaut und sicherheitstechnisch überprüft. Denn im Sportunterricht kommt vor allem Anderen zuerst die Sicherheit der Kinder. Aus diesem Grund war es besonders wichtig hier jeder Gruppe eine Demonstration möglicher Unfallgefahren im Vorfeld aufzuzeigen.

Die Station entwickelte sich zum absoluten „Selbstläufer". Alle Schüler, selbst die wenigen, welche bei anderen Aktivitäten motzten, wollten immer wieder von neuem beginnen.

Es entwickelte sich durch die implizite Fairness- und Kooperationsforderung der Station zusehendst eine Teamstruktur, die alle oben genannten Zielelemente des sozialen Lernens in sich vereinte. Besonders anzumerken ist die Wirkung der "Blinden" Schüler auf die Gruppe, die sich absolut sicher fühlen konnten (siehe z.B. Abb.8b).

Das eingebaute Element des Verletzten bereitete zunächst Schwierigkeiten, da einige Schüler schroff auf denjenigen reagierten. Aufgrund der Gruppenstruktur jedoch löste sich dieses Problem in allen Fällen von selbst (ohne Eingreifen der Lehrkraft). Denn die Gruppe hielt zu dem Verletzten und formte die bzw. den Einzelnen innerhalb des dynamischen Gruppenprozesses, was zur Harmonisierung der Gruppe führte.

Anmerkung:

Bemerkt wurde, dass nicht jeder Schüler zum „blind sein" oder „verletzt spielen" geeignet ist. Für manche Schüler können solche Aufgaben aus Angst vor Blamage o.ä. nicht sinnvoll sein. Dies war bei einem Schüler der Fall und ist beim nächsten Mal zu bedenken.

[160] vgl. Anlage G

Station 5: „5 und Schuss"

Bei dieser Station fiel es v.a. den Jungen schwer sich in die Gruppe einzubinden. Der Drang selbst zu schießen war zunächst sehr groß. Ebenso war es aus diesem Grund für einige Schüler schwierig sich in die Aktionsform einzubinden, da sie nicht an den Ball kamen. Um an dieser Station zu fruchtbaren Ergebnissen zu kommen musste die Aufsicht erst intervenieren. Nachdem die Zielstellung und der Sinn der Station dargestellt und einige Schüler gezügelt bzw. ermuntert worden sind war eine Durchführung möglich. Dabei versuchten die Kids zusehends die Regeln (z.B. 5-Pässe) einzuhalten. Nach einigen Spielminuten ergaben sich dann gute Kooperationen innerhalb der Gruppen und soziale Interaktionsformen. Besonders die Mädchen profitierten dabei davon, dass die „fußballerfahrenen Jungen" ein gewisses Helfersyndrom ihnen gegenüber entwickelten.

Es entwickelte sich mit der Spieldauer immer intensiver Fairness und Kooperation innerhalb der Gruppe. Ein Spiel gegeneinander wäre an dieser Stelle falsch und unpassend gewesen, da es die Konkurrenzsituation am Anfang verstärkt hätte.

Verbessert werden muss hier die Spieldauer. 5 Minuten Spielzeit sind aus eben genannten „Gewöhnungsgründen" zu kurz. 15 Minuten treffen eher den Spielgedanken.

Station 6: „Das eigene Spiel erfinden"

Zunächst taten sich die Gruppen etwas schwer aus den vorgegebenen Gerätschaften die Geeigneten herauszufinden. Der Sinn der Aktion wurde allerdings von allen Gruppen verstanden, so dass bei allen Spielentwürfen

die Bereiche Fairness, Kooperation, Regeln und Ball beinhaltet waren. Einige Mitglieder der Gruppe waren bei dieser Kreativphase sichtlich überfordert, so dass sie nur herumstanden oder, wie zwei Schülerinnen, andauernd störten. Die Mehrheit der Schüler arbeitete gut zusammen. Sie äußersten Ideen, probierten diese und nahmen sie auf bzw. verwarfen sie. Dabei ist zu vermerken, dass auch hier Fortschritte im Bereich Kommunikation, Kooperation, Kontakt und Kritik erst mit der Zeit kamen.

Anmerkung: 2 Spielergebnisse waren so gut und sozial förderlich, dass sie mit in die Projektphase „Einbindung in den Sportunterricht" eingearbeitet worden sind.

Station 7: Basketballsieger

Mit der Station 7 wurden die Schüler allem Anschein nach mit ihrer aktuellen Trendsportart konfrontiert. Als ihnen das Regelwerk übermittelt wurde, kam in jeder Gruppe zu Beginn spontan die Frage nach Gewinnern und Verlieren auf, welche eine Schülerin aus einer der Gruppen wortgetreu folgendermaßen beantwortete:

„Hier geht's doch net` um gewinnen und verlieren, Kerl! Wir sollen miteinander fair umgehen und zusammenspielen! Net` gegeneinander"!

Dies war exakt der Kernpunkt des Spielgedankens. Besonders erfreulich fand ich an dieser Station die Tastsache, dass sich zwei dickere Schüler, die normalerweise im Sportunterricht durch Fehlzeiten brillierten außerordentlich engagierten (siehe Abb.11).

Nach einer gewissen Eingewöhnungszeit war es offensichtlich für keinen Schüler mehr ein Problem, dass er nach einem Korberfolg in die Mannschaft des Gegners wechseln musste. Die Schüler gingen während des Spiels fair und kooperativ miteinander um, so dass die Aufsicht so gut wie nicht intervenieren musste. Einzige Ausnahme war ein Schüler, der sich durch ein unnötiges Foul auszeichnete.

Um den Erfolg der Gruppe nicht zu gefährden und aus disziplinarischen Gründen wurde mit diesem Schüler ein Gespräch geführt, aus dem heraus er sich bei der Gruppe und dem Gefoulten entschuldigte.

Das Spiel, das seinen eigenen Fairness- und Kooperationscharakter besaß, förderte in besonderer Weise die Kommunikation, das Regelverständnis und die Kontaktfähigkeit unter den Schülern.

Station 8: „Gemeinsam ans Ziel

Besonders anzumerken bei dieser Station ist das Seilspringen, das , durch die Vorgabe von 300 Sprüngen in Gruppenarbeit, die soziale Komponente bei einigen Schülern ansprach. Einige, und das ist leider so, sind nicht in der Lage 10 Seilsprünge zu tätigen ohne dabei außer Atem zu kommen. Um so erfreulicher war es anzusehen, dass sich die besseren Seilspringer (v.a. Mädchen) in den Gruppen hervortaten und für Andere antraten (was den vorgegebenen Regeln nicht wiedersprach). Schüler, die beim Seilhüpfen nicht an der Reihe waren fieberten mit und feuerten an (siehe Abb.12b.).

Die Gruppe als kooperatives Team wurde bei dieser Aktionsform besonders gefördert. Dabei verhielten sich alle Schüler äußerst fair einander gegenüber. Auch das letzte Element des Händehaltens beim Überqueren der Ziellinie wurde gut gemeistert. Zwar war zu bemerken, dass vorwiegend versucht wurde das gleiche Geschlecht zum Händehalten zu bekommen, doch ist dies aus pubertären Gründen zu verstehen.

Station 9: Evaluation

Als neunte Station erfolgte bei den Schülern eine Evaluation, auf die im folgenden Abschnitt eingegangen wird. Nach der Evaluation folgte noch ein Abschlussvortrag über Fairness, Kooperation und soziales Lernen durch den Jugendbeauftragten der Stadt, welchem die Schüler interessiert zuhörten. Eine Überreichung von Urkunden[161] an die teilnehmenden Schüler durch den Rektor bildete den Abschluss des Projekttages.

[161] vgl. Anlage H

3.3.3.3 Evaluation und Auswertung des Projekttages

Im Folgenden wird das Ergebnisse der Evaluation in die Auswertung und Bilanzierung des Projekttages eingeflochten. Zunächst ist festzustellen, dass die Schüler für einen solchen Tag aufgeschlossen sind und positiv beeindruckt waren.

Nach Auswertung der Frage 3 des Evaluationsbogens[162] kann man entnehmen, dass 68 Schüler den Projekttag gut bis sehr gut fanden. Das entspricht einem prozentualen positiven Zuspruch von 89,47 Prozent. Zunächst kann hieraus übergeordnet allerdings nur festgestellt werden, dass die Organisation und die Auswahl der Aktivitäten aus dem Fairness- und Kooperationsbereich gut gelungen waren. Auf die Frage nach dem Erreichen von Zielsetzungen auf der sozialen, schwerpunktmäßig erhofften Ebene muss man genauer eingehen. Dabei kann man bereits nach diesem einen Tag folgende Feststellungen und Zwischenergebnisse treffen:

a. Während der Durchführung konnte man, wie bereits oben erwähnt, gute soziale Verhaltensmuster und eine Entwicklung hin zu **sozialer Sensibilisierung** erkennen. Die Schüler waren darauf angewiesen miteinander in sozial verträglicher Art zu **kommunizieren**. Dies verbesserte sich bei jeder Station, wobei der Zeitfaktor der jeweiligen Station eine entscheidende Rolle spielte. Je intensiver und länger die Gruppenaktivität dauerte, desto intensiver und sozialer wurde die Kommunikation.

b. Die Schüler hatten ein wenig Probleme bei Stationen mit direktem Körper**kontakt**. Dies förderte allerdings bzw. wurde kompensiert durch andere Kontaktformen aus dem akustischen, mimischen und gestischen Bereich. Dabei verwendeten die Jugendlichen übliche, nicht provozierende soziale Formen, wie z.B. freudiges oder aufforderndes

162 vgl. Anlage G

Zulächeln, Bestätigungen durch Klatschen,...u.ä.. Dies ist, besonders wenn man die normalen Umgangsformen während der Schulzeit betrachtet, sehr erstaunlich und durchaus als Lernprozess zu bezeichnen.

c. Die **Kooperationsfähigkeit** der Kids wurde bei jeder Station auf die Probe gestellt. Aus obigen Berichten lässt sich ganz klar eine im Laufe des Vormittags immer weiter anwachsende Kooperation innerhalb der Gruppen attestieren. Dabei stand die einzelne Gruppe stets **solidarisch** zueinander. Wenn man bedenkt, dass die Gruppen frei zusammengewürfelt wurden und zwischen den einzelnen Klassen der Jahrgangsstufe 7 ein Verhältnis bestand, dass als äußerst schlecht von allen Lehrkräften beurteilt worden war, ist auch hier eine, das soziale Lernen positiv beeinflussende, Tendenz hin zu Kooperation und Solidarität zu beobachten. Das bestätigt auch die Beantwortung der Frage 2 des Evaluationsbogens, deren Auswertung bei 72 von 76 Schülern eine sinnvolle, den Geist der Kooperation treffenden, allerdings nicht immer grammatikalisch gut formulierten, Antwort ergab.

d. Auf die Probe wurde auch die **Konfliktfähigkeit** gestellt. Wie bereits erläutert, gab es bei verschiedenen Anlässen, z.B. Station 4, Situationen zu bewältigen bei welchen einige Schüler maßgeregelt werden mussten. Der dynamische Gruppenprozess, der positiv auf die Gesamtentwicklung wirkte, löste diese Probleme allesamt von selbst. Dabei konnte man beobachten, dass v.a. die Gruppen mit der am weitest entwickelten Kooperation- bzw. Solidarfähigkeit die Konflikte am schnellsten lösten. Bei einem Fall musste die Aufsicht eingreifen und den Konflikt beschwichtigen. Aber selbst hier forderte die Gruppe vom durch die Aufsicht ermahnten Schüler eine Entschuldigung.

e. Frage 1 zur **Fairness** zeigte deutlich, dass die Kids innerhalb dieses Tages eine Einstellungsänderung, bewirkt durch die Aktionsformen, durchgemacht haben. Dies lässt sich dadurch feststellen, dass 65

Antworten auf die Frage nach dem Fairnessbegriff mit folgenden Worten begannen: „Jetzt bedeutet Fairness für mich, dass...!“ Dieses „jetzt“, das in einer Lehrerkonferenz 30 Minuten besprochen wurde, beeindruckte nicht nur mich sondern das Lehrerkollegium und machte für solche Aktionen an dieser Hauptschule noch aufgeschlossener. Inhaltlich war die Tendenz ähnlich, wie beim Begriff Kooperation. Jedoch ist noch anzumerken, dass v.a. der **Umgang mit Regeln** in 38 Antworten genannt wurde. Beim Umgang mit Regeln taten sich die Schüler v.a. beim Basketballspiel, aufgrund der Veränderungen, zunächst schwer. Hatten aber mit zunehmender Zeit immer größeren Gefallen daran gefunden und monierten Regelverstöße bei allen Stationen sofort und mit Nachdruck.

f. Der Umgang mit Kritik war für alle Schüler, die damit konfrontiert waren, sehr schwer. Dieser Punkt ist im weiteren Projektverlauf noch weiter zu intensivieren.
   Am besten half in diesen Situationen immer noch positiver Zuspruch durch die jeweilige Aufsicht.

Auf die Frage 4 (Mehrfachantworten waren möglich)des Evaluationsbogens nach Bereichen, in denen sich die Schüler mehr Fairness und Kooperation wünschen würden antworteten 68 Schüler „In der Familie“, 47 „In der Schule“, 74 „Im Freundeskreis“, 2 „In keiner Situation“ und 42 „Im Sport“. Aus diesen Antworten entnehme ich, dass die hauptsächlichen Schwierigkeiten des sozialen Lernens im Bereich der Familie und des Freundeskreises der befragten Schüler liegen.

Die Frage 5 wurde nur von wenigen Schülern, vielleicht aus Zeitgründen beantwortet. Dabei wurden hier eigentlich nur die Antworten aus Frage 1 und 2 repetiert.

Bei Wiederholung des Projekts wäre zu verbessern, dass der Zeitfaktor mit 20 Minuten pro Station teilweise zu kurz gefasst war. Allerdings war die Organisation, aufgrund der Zeitvorgabe durch die Schulleitung nicht anders zu bewältigen.

Der Erfolg des Projekttages war nach Ansicht aller Lehrer beeindruckend. Dafür sprachen sich auch die regionalen Medien aus[163]

3.3.3.4 Einbindung der Inhalte des Projekttages in den Sportunterricht über einen gewissen Zeitraum

Schwerpunkt bis jetzt war es die Schüler für Fairness und Kooperation im Sportunterricht aufgeschlossen zu machen und erste Ziele im Bereich des sozialen Lernens zu erreichen. Das ist, wie obige Ergebnisse zeigen, mehr als gelungen. Die Zielsetzungen sozialen Lernens, die durch Fairness- und Kooperationsentwicklung gefördert werden sollten, wurden mehr als gedacht erreicht. Der Schwerpunkt des Projekts, Sensibilisierung der Schüler zum sozialen Lernen hin durch Entwicklung von Fairness und Kooperation, war damit grundgelegt. Nun bestand die Aufgabe darin das bisher Erreichte auch langfristig zu fördern und nicht als Strohfeuer verklimmen zu lassen. Daher wurden die Inhalte des Projekttages, sowie einzelne selbstentwickelte Spiele der Schüler an Station 5, folgendermaßen in den Sportunterricht integriert:

- Ich entwickelte zunächst eine Art Skriptum[164] der Aktivitäten und Schülervorschläge, welches jede(r) Sportlehrer(in), der diese Klassen nun hatte, bekam.

---

163 vgl. Anlage

164 vgl. Anlage J

- Ich selbst übernahm dabei ebenfalls eine Jungenklasse. Wenn es vom Stundenplan passte, besuchte ich andere Sportgruppen, um mich vor Ort von der Art und Weise der Durchführung zu überzeugen.

- Nach einer Einweisung aller teilnehmenden Sportlehrer, musste sich jede Lehrkraft schriftlich verpflichten, in jeder Sportstunde mindestens ein Element des Skriptums nach didaktischer Verantwortung in den Sportunterricht über zwölf Wochen zu integrieren.

- Alle 14 Tage erfolgte eine Besprechung, in welcher Wünsche, Anregungen, Schwierigkeiten etc. in der Gruppe diskutiert wurden. Insgesamt erfolgten also sechs Besprechungen, auf welche im Folgenden eingegangen werden wird:

a. Besprechung 1

Innerhalb dieser ersten Diskussion kam zunächst ein Feedback durch die Sportlehrer, welche die Übungsformen für toll hielten. Der Projekttag habe, so diese, seine grundlegende und wichtige Wirkung nicht verpasst. Die Schüler seien sehr aufgeschlossen gegenüber den bekannten Übungen und freuen sich auf diese. Diese Beobachtungen konnte ich nur bestätigen.

Bei der Durchführung der einzelnen Aktionen waren alle Schüler fair und kooperativ. Einige Lehrkräfte machten den Vorschlag, dass alle Lehrer immer in der gleichen Woche dasselbe machen sollten. Diesen Vorschlag lehnte ich jedoch ab, da jede Sportstunde und jeder Sportunterricht individuell sein muss. Jeder Sportlehrer hat eigene Ideen. Gleichsam kann der didaktische Ort in jeder Sportstunde verschieden begründbar sein. Diese Variabilität muss bestehen bleiben, da sie ein nach meiner Meinung wichtiger Freiraum zum Gelingen des Projekts ist.

Als neuen Impuls, wurde von mir auf das Gespräch bzw. die Lehrererzählung im Sportunterricht hingewiesen. Jeder Lehrer sollte versuchen eine aktuelle Geschichte über Fairness- und Kooperation im Bezug auf Sport zu finden und bei geeigneten Situationen in den Sportunterricht mit einzubinden. Als Hilfe teilte ich jedem Lehrer ein Ideenblatt dazu aus, welches in das Skriptum einzuheften war.

b. Besprechung 2

In dieser Besprechung diskutierte man hauptsächlich einen Vorfall, welcher bei mir im - genauer gesagt nach dem Sportunterricht - passiert ist. Im Unterricht selbst geschah es während eines Völkerballspiels, dass ein Schüler auf dem Boden ausrutschte (er verletzte sich dabei nicht). Ein gegnerischer Schüler, welcher den Ball hatte, warf ihn dadurch ab. Das Spiel lief weiter und keiner sagte etwas dazu. Nach der Sportstunde hörte ich zufällig die folgende authentisch übernommene Unterhaltung unbemerkt mit:

Ruven zu Michael(der Werfer): „Musste des sein? Wir hätten des Spiel auch ohne deine blöde Aktion gewonnen! Jemanden, der ausrutscht abzuwerfen, das is` des Letzte“!

Michael: „Und? Daran hab ich gar net gedacht! Ich war halt in Eile!
Jetzt bleib doch cool!“

„Seit Wochen redet der Pfister bloß über fair sein, helfen und des Zeug! Hast überhaupt was davon abgecheckt? Wenn des noch mal passiert, kannst dir a andere Clique ausgucken, verstehst, Alter!“

“Ja, is` gut!“

Diese Unterhaltung beeindruckte das gesamte Lehrerkollegium. Es kam sogar die Idee auf, dieses Projekt zum Bundeswettbewerb anzumelden.

Alle Schüler, wie ein Schüler, der als im Unterricht sehr schwierig gilt, machen sichtliche Fortschritte im Bereich des sozialen Lernens. Das bestätigte jedes Diskussionsmitglied.

Weitere besondere Vorkommnisse wurden nicht vermeldet. Die Integration einer Lehrererzählung führte bei den Schülern zu teilweise 20minütigen Diskussionen im Sportunterricht.

c. Besprechung 3

Schwerpunkt dieser Besprechung war v.a. die organisatorische Durchführung der Geräteparcourstation. Einige Lehrkräfte taten sich schwer beim Gesamtaufbau der Station, da mit Auf- und Abbau beinahe die gesamte Stunde um war. Daher einigte man sich darauf, dass der Parcour in Elemente gesplittet durchgeführt werden könnte.

Die Umgangsformen der Schüler, so das Feedback der Sportlehrer, als auch der Klassenlehrer (die sich immer interessierter an den 14-tägigen Treffen beteiligten), seien in ihrer Entwicklung sehr positiv. Selbst Eltern sprachen sich für das Projekt, von welchem „ihre Kinder zu Hause schwärmten", aus.

d. Besprechung 4

Diese Besprechung fiel aufgrund von Fortbildungsveranstaltungen sehr kurz aus. Dennoch wurde auf das gute soziale Verhalten der Schüler, besonders im Bereich der Kommunikation und Kooperation hingewiesen. Als neuen Impuls setze ich fest, dass man versuchen solle ein eigenes Spiel innerhalb der Großgruppe zu entwickeln und durchzuführen.

e. Besprechung 5

Die Entwicklung des eigenen Spiels traf innerhalb der einzelnen Sportgruppen auf große Resonanz. Dabei teilten alle Spottlehrer die Schülergruppen in 5er bis 8er Gruppen ein und ließen diese eigenständig arbeiten. Am Ende durfte jede Gruppe ihr Spiel vortragen. Einige

Lehrkräfte ließen noch zusätzlich in der Sportstunde über das beste Spiel abstimmen. Ansonsten wurde v.a. wieder über die positive Wirkung des Projekts auf die Schüler berichtet. Dabei wurde erkannt, dass von keiner Seite in den letzten 12 Wochen eine Disziplinarmaßnahme gegen irgendeinen Schüler dieser Jahrgangsstufe (Verweis, Mitteilung) verhängt worden war.

f. Abschlussbesprechung

Bei einem Abschlussfeedback kamen bei dieser Besprechung alle Anwesenden (Klassenlehrer und Sportlehrer) zu dem Ergebnis, dass die Schüler durch den Projekttag und die Konfrontation mit den Inhalten im Sportunterricht in ihrem sozialen Verhalten und Lernen enorm gefördert worden sind. Das bestätigte auch die Sozialpädagogin vor allem bei den „Härtefällen“ , wie sie sich ausdrückte. Es wurde beschlossen, dass diese Formen auch in den weiteren Sportunterricht einfließen werden, so dass die Schüler ständig damit in Beziehung stehen. Auch wurde beschlossen das gesamte Projekt wieder, wenn möglich innerhalb des Bundeswettbewerbes, durchzuführen.

Für weitere Hilfen und Informationen stand ich dem Lehrerkollegium zur Verfügung. Ein weitere Punkt der Abschlussdiskussion war die Auswertung der zweiten „Ist“-Analyse, auf die im Folgenden eingegangen werden wird.

3.4 Abschluss des Projekts mit integrierter Interpretation der aktuellen „Ist"- Analyse

	Jetzt/ Vorher
Die Kommunikationsfähigkeit der Schüler untereinander ist gut	2,03 4,66
Die Schüler sind positiv Kontaktfähig, aufgeschlossen und Tolerant	1,00 5,42
Die Kooperation der Schüler untereinander ist sehr gut	1,44 4,85
Der Begriff Fairness spielt für die Schüler eine übergeordnete Rolle und charakterisiert ihre Handlungen	2,7 5,5
Die Schüler zeigen gegenüber Anderen soziale Sensibilität und Mitgefühl	2,98 4,8
Die Schüler sind in der Lage konstruktive Kritik zu üben und gerechtfertigte Kritik an sich zu akzeptieren.	4,45 6,0
Die Schüler halten Regeln ein und fordern dies auch von Anderen	2,33 4,5
Fairness und Kooperation ist bei den Schülern besonders ausgeprägt	1,00 5,0
Das tägliche Verhalten der Schüler kann man als „sozial", sowohl im Sportunterricht, als auch in anderen Unterrichtsfächern bezeichnen	2,81 4,944

Tabelle 7: Ergebnisse der zweiten, aktuellen „Ist"-Analyse

Die oben abgebildeten Ergebnisse wurden 2 Monate später in einem Posttest[165] bestätigt. Die Werte sind somit absolut repräsentativ und aussagekräftig.

[165] Postwert ist die zweite (Kontroll)Durchführung der gleichen Befragung, um die Richtigkeit der erzielten Aussagen wissenschaftlich zu untermauern.

Im Vergleich zu den Prä-Ergebnissen ist ein deutlich verbalisiert ausgedrückter Lernzuwachs zu beobachten. Besonders die Kontaktfähigkeit – die wie bereits erwähnt soziales Lernen impliziert – hat eine, zu Beginn des Projekts utopisch erscheinende, positive Zuwachsrate erfahren.

Augenscheinlich ist eine tendenziell affirmative Wirkung durch die Entwicklung von Fairness und Kooperation in allen erhofften Bereichen hin zu sozialem Lernen zu verzeichnen.

Einzig der Bereich der Kritikfähigkeit, der zwar Besserung aufzeigt, jedoch noch zu schlecht ist, muss in Zukunft verstärkt angesprochen werden. Bei diesem Bereich war zu beachten, dass es den Jugendlichen schwieriger fällt konstruktive Kritik zu üben als an sich zu akzeptieren. Daher wäre ein fächerübergreifendes Vorgehen z.B. im Deutschunterricht angeraten.

Die bereits am Ende des Projekttages gemachten Feststellungen können auch hier aufgelistet und bestätigt werden.

3.5 Resümè

„Es wird somit die Arbeitshypothese aufgestellt, dass die Entwicklung von Fairness- und Kooperation durch Sport an der Hauptschule einen bedeutsamen Beitrag zum sozialen Lernen leistet“ – mit dieser Hypothese begann ich diese Arbeit - Und im Rückgriff auf diese will und muss ich diese Arbeit beenden bzw. resümieren.

In allen Ergebnis- und Durchführungsphasen des Projekts hat sich die „Zweckpartnerschaft“ von Fairness und Kooperation als richtig und effektiv herausgestellt. Jede einzelne Übung und Aktivität hat ihren Beitrag im Sportunterricht geleistet und zur Entwicklung von sozialen Verhaltensweisen beigetragen.

Im Rückgriff auf die von mir gewählte Definierung sozialen Lernens über die Zielsetzungen (zur Wiederholung:

Ziel des sozialen Lernens v.a. im Sportunterricht muss es sein, die Kommunikationsfähigkeit, Kontaktfähigkeit, Kooperationsfähigkeit, Solidarfähigkeit, Fairness, Konfliktfähigkeit, soziale Sensibilität, Toleranz, Kritikfähigkeit und den Umgang mit Regeln zu fördern)

und in Anlehnung an die Ergebnisse des Projekttages, sowie den Erfahrungen aus der unterrichtlichen Einbettung und der ermittelten Befragungswerte der beiden Vergleichsanalysen, darf man behaupten diese Arbeitshypothese zu einer auf die Probantengruppe zutreffenden Aussage gemacht zu haben.

Wenn man sich an dieser Stelle an die Ausgangssituation der Lerngruppe zurückerinnert und sich die durchgemachte Entwicklung der Schüler bzw. die Veränderung in den Aussagen der Lehrkräfte vergegenwärtigt, so muss man eindeutig feststellen, dass hier ein
Ansatzpunkt einer inneren Schulentwicklung hin zu sozialem Lernen existiert und angebahnt wurde.

Bei Vergegenwärtigung der drei Ansätze der Schulentwicklung als Organisations-, Personal- und Unterrichtsentwicklung bietet sich aufgrund der Ergebnisse dieser Arbeit zum sozialen Lernen als Perspektive eine tiefergreifende, möglicherweise zwingend fächerübergreifende, Untersuchung dieser Thematik für zukünftige Projekte an.

Aktives Befolgen von Fair play, Kooperation, Richtlinien ethischer Werte sind mehr als nur kognitive Orientierungsgrundlage sozialen Lernens. Sie sind Bestandteil und Initiatoren sozialen Lernens.

Wer in einem Erziehungsprozess zu sozialem Lernen befähigen will, darf und kann sich aber nicht auf Wissensvermittlung und auf ein verbessertes moralisches Urteilsvermögen beschränken. Dadurch allein kann die Praxis nicht wirksam genug verändert werden: Es bedarf der praktischen Umsetzung, was Erich Kästner längst erkannt hatte:

"Es gibt nichts Gutes, außer man tut es[166]*."*

Als weiteres Fazit für mich, welches ich aus dieser Arbeit ziehen kann, möchte ich feststellen, dass generell mehr Gewicht auf derartige Unterrichtsinhalte, wie ichsie anwendete, gelegt werden sollte. Der Sportunterricht bietet hierzu ein optimales Handlungsfeld durch seine implizite Forderung nach Fairness und Kooperation. Vorgegebene Techniküberprüfungen und Leistungsanforderungen im Sportunterricht sind oftmals nur blanke Theorie und haben nur wenig Bezug zur Realität.

Sportunterricht ist meines Erachtens vor allem ein Raum des sozialen Lernens mit sportlicher Bewegung. Die „reine“ Leistungsorientierung ist dagegen besser in Neigungsgruppen oder im vereinsmäßigem Training aufgehoben.

Die Ziele und Vorhaben dieser Arbeit konnten damit belegt und untermauert werden. Fairness- und Kooperationsentwicklung durch Sport hat in der sehr großen Probantengruppe dieser Hauptschule einen – oben ausführlich beschriebenen und bestätigten – Beitrag zum sozialen Lernen geleistet.

Nach langer Überlegung und um diese Arbeit nicht abrupt abbrechen zu lassen möchte folgenden Schlusssatz als Impuls und Anregung zum Nachdenken formulieren:

---

166 vgl. **Erich Kästner, u.a:** Es gibt nichts Gutes,außer man tut es, Audio-CDs, Hofmann, Kampe,2003

"Wir wissen, dass es besser wäre, wenn es anders würde; wir wissen aber auch, dass es anders werden müsste, wenn es gut werden sollte[167] *!"*

Packen wir es an, in der Schule und wo immer sich die Gelegenheit bietet, denn soziales Lernen dient der Schule, dem Unterricht, der Gesellschaft und besonders unseren Schülern.

---

167 in Anlehnung (aber eigener Abänderung) an eine Aussage von Georg Christoph Lichtenberg

Anlagen zum Text „Sportbasierte Fairness- und Kooperationsentwicklung als bedeutsamer Beitrag zum sozialen Lernen“

Anlage A

Station 1 Die Flussüberquerung

Ort:

Hof

Aufsicht:

Idee:

Die Gruppe hat 8 Turnkästen zur Verfügung. Vor der Gruppe liegt ein Feld mit einer Start- und einer Ziellinie. Zwischen diesen beiden Linien, die ca. 20m auseinander liegen befindet sich ein „reißender Fluss". Aufgabe ist es nun den „Fluss" zu überqueren, ohne dabei den Boden zu berühren.

Die Aufgabe muss von allen Schülern gleichzeitig in Kooperation gelöst werden.

Wichtig ist es, der Gruppe eine gewisse Zeit zum Überlegen zu geben.Die Aufsicht entwendet – der Gruppe angemessen – immer wieder einen Kasten, so dass mehrere SS einen Kasten nutzen müssen.

Punkteverteilung:

Idee, die Kästen in kooperativer Weise zu verwenden 2 Punkte

Erreichte Weite:

*	5m	1 Punkt
*	10m	2 Punkte
*	15m	3 Punkte
*	Ziellinie	4 Punkte

Kooperation innerhalb der Gruppe:

*	Gut bis sehr gut	3 Punkte
*	Mittel bis genügend	1 Punkt
*	Schlecht bis gar nicht	-3 Punkte

Unsportliches Verhalten -3 Punkte

Station 2 „Die gemeinsame Entwirrung“
Eine Variation des Gordischen Knotens

Ort:
Klassenzimmer der Klasse

Aufsicht:

Idee:
Die Schüler aus der jeweiligen Gruppe stellen sich dicht aneinander im Kreis auf. Nun fasst jeder Schüler einen Anderen aus dem Kreis an den Händen.
Wichtig dabei ist, dass nicht die Hände der direkten Nachbarn und nicht beiden Hände eines Mitspielers genommen werden.
Ein Spieler steht Außen und gibt Anweisungen.

Die Aufgabe besteht nun darin, den entstandenen Händeknoten zu lösen

Punkteverteilung:

Kooperation innerhalb der Gruppe:

*	Gut bis sehr gut	3 Punkte
*	Mittel bis genügend	1 Punkt
*	Schlecht bis gar nicht	-3 Punkte

Unsportliches Verhalten	-3 Punkte
Lösung des Knotens	2 Punkte

Station 3 „Sensibilisierungsschulung"

Ort:

Aufsicht:

Idee:

Fairness und Kooperation sind Bereiche mit hohem subjektiven Wert. Die Schüler sollen versuchen, sich sensibel in die Rolle eines vermeintlich Benachteiligten zu versetzen und gemeinschaftlich darüber zu reflektieren.
Jede Gruppe bekommt ein Plakat und Stifte zur Verfügung gestellt:
Zeit 15 Minuten. Im Anschluss daran soll die Gruppe das Spiel gemeinschaftlich vorstellen.

Punkteverteilung:

Kooperation innerhalb der Gruppe:

* Gut bis sehr gut	3 Punkte
* Mittel bis genügend	1 Punkt
* Schlecht bis gar nicht	-3 Punkte

Unsportliches Verhalten	-3 Punkte

Vorstellen des Spiels:

* am Thema vorbei/falsch/ideenlos	-1 Punkt
* die Problematik verstärkend/ kontraproduktives Arbeiten - 3 Punkte	
* ernsthaft bemüht/gute Ansätze	1 Punkt
* Gut gelungen	2 Punkte

Station 4 „Miteinander – Füreinander"

Ort:

Aufsicht:

Idee:

Jede Gruppe wählt 2 Schüler aus. Diesen beiden Schülern werden die Augen verbunden. Im Anschluss daran stellt sich die Gruppe an der Startlinie auf. Die Aufgabe besteht nun darin als gesamte Einheit durch den Hindernissparcour zu gelangen. Dabei muss in kooperativem Verhalten versucht werden die „blinden" Schüler mit durch den Parcour zu schleusen. Die Aufgabe ist erledigt, wenn die gesamte Gruppe durch die Ziellinie ist.

Wichtig: *Die Aufsicht wählt vorher einen Schüler aus, der kurz vor dem Ziel so tut, als wäre er mit dem Fuß umgeknickt und könne nicht mehr weiterlaufen. Die Aufsicht artikuliert an dieser Stelle, „dass die Uhr läuft" und „die Aufgabe erst erledigt ist, wenn alle über der Ziellinie sind".*

Punkteverteilung:

Kooperation innerhalb der Gruppe (v.a. zu den nicht Sehenden)

*	Gut bis sehr gut	3 Punkte
*	Mittel bis genügend	1 Punkt
*	Schlecht bis gar nicht	-3 Punkte
Unsportliches Verhalten		-3 Punkte
Verhalten der Gruppe zum „Verletzten":		
*	Sofortige Hilfe	4 Punkte
*	Helfen, aber leicht schimpfend	2 Punkte
*	Nach Aufforderung anderer	
Gruppenmitglieder wird geholfen		1 Punkt
*	Helfen und in nachhinein unfair	-1 Punkt
*	Nicht helfen	-3 Punkte
*	Absolut unfair und unkooperativ	-5 Punkte

Wichtig ist es hier die gesamte Gruppe zu bewerten. Nicht Individualleistungen.

Station 5: „5 und Schuss“

Ort:

Aufsicht:

Idee:

Jedes Mitglied der Gruppe steht an einer vorgesetzten Markierung. Erst dann erklärt die Aufsicht die Regeln.

Die Aufgabe besteht nun darin den Ball 5-mal „gerecht für jeden“ zu passen und dann zu schießen.

Zeitvorgabe beträgt 5 Minuten und sekundäres Ziel – für die Schüler offensichtliches Primärziel – ist es so oft wie möglich innerhalb der Zeitvorgabe und der jeweiligen 5 Pässe in das Tor zu schießen. Das Tor ist ein Mittelteil des Kastenwagens.

Das eigentliche Primärziel der Kooperation wird von der Aufsicht kurz vor Spielbeginn „am Rande noch einmal erwähnt.

Punkteverteilung:

Kooperation:

*	Kooperation ist gut, jeder kommt gerecht an die Reihe	3 Punkte
*	Einige sind öfter am Ball als Andere	1 Punkt
*	Manche Schüler kommen überhaupt nicht an die Reihe	-1 Punkt
*	Es werfen immer die gleichen Schüler	-2Punkte
*	Es besteht absolut keine Kooperation	-3 Punkte
Unsportliches Verhalten		-3 Punkte
Sekundäre Aufgabenstellung:		
*	Mehr als 12 Treffer	2 Punkte
*	Mehr als 7 Treffer	1 Punkt
*	Weniger al 7 Treffer	0 Punkte
Andauernde Verletzung der 5-schuss Regel		-2 Punkte
Einhaltung der 5-schuss Regel		2 Punkte

Station 6 „Das eigene Spiel"

Ort:

Aufsicht:

Idee:

Die Gruppe soll bei wahllos vorgegebenen Sportgeräten – nicht alle vorgegebenen Sportgeräte müssen benutzt werden – ein Spiel erfinden.

Das neue Spiel soll folgenden Anforderungen genügen:

Feste Regeln, Kooperation, Fairness, Der Ball muss dabei sein.

Das neue Spiel ist mit den vorgegebenen Materialien zu bearbeiten (DIN A3 Blatt/ Stifte)

Zeit zum Ausdenken: 15 Minuten

Vorstellung (kooperativ): 5 Minuten

Sportmaterialien:

Weicher Volleyball, Springseile, Hütchen, Hockeyschläger, HullaHup Reifen, 2 Medizinbälle, 2 Weichbodenmatten

Punkteverteilung:

Kooperation innerhalb der Gruppe (v.a. zu den nicht Sehenden)

*	Gut bis sehr gut	3 Punkte
*	Mittel bis genügend	1 Punkt
*	Schlecht bis gar nicht	-3 Punkte
Unsportliches Verhalten		-3 Punkte
Spielbewertung:		
*	Den Anforderungen genügend	3 Punkte
*	Genügt teilweise den Anforderungen	2 Punkte
*	Genügt nicht den Anforderungen	0 Punkte
Präsentationsbewertung:		
*	am Thema vorbei/falsch/ideenlos	-1 Punkt
*	die Problematik verstärkend/	
kontraproduktives Arbeiten- 3 Punkte		
*	ernsthaft bemüht/gute Ansätze	1 Punkt
*	Gut gelungen	3 Punkte

Station 7 „Basketballsieger"

Ort:

Aufsicht:

Idee:

Es kann ein Spiel gewählt werden, das vorher mit dem Konzept von Gewinnen und Verlieren gespielt wurde.

In unserem Fall wird das Spiel Basketball herangezogen.

Es wird nur umgekehrt gewertet:

Jeder Treffer wird als Punkt für die andere Mannschaft gezählt.

Zusätzlich geht der Spieler, der ein Tor erzielte, in die gegnerische Mannschaft.

Am Ende wird gefragt, welche Mannschaft gewonnen hat.

Material:

2 Basketballkörbe (Querspielfeld vorhanden), 1 Basketball, Laibchen

Punkteverteilung:

Kooperation:

*	Kooperation ist gut, jeder kommt gerecht an die Reihe	3 Punkte
*	Einige sind öfter am Ball als Andere	1 Punkt
*	Manche Schüler kommen überhaupt nicht an die Reihe	-1 Punkt
*	Es werfen immer die gleichen Schüler	-2Punkte
*	Es besteht absolut keine Kooperation	-3 Punkte

Unsportliches Verhalten (absichtliche Fouls...) -3 Punkte

Regelgerechtes Verhalten (Basketball Regeln + Wechselregel) 2 Punkte

Regelwidrigres Verhalten -2 Punkte

Antwort auf die Frage nach der Gewinnermannschaft:

Hier vergibt der aufsehende Lehrer von –2 bis +2 Punkten – je nach Ermessen.

Station 8 „Gemeinsam ans Ziel“

Ort:

Aufsicht:

Idee:

Alle SS „stehen“ im Liegestütz an der Startlinie nebeneinander – Schulter an Schulter.

Der Hinterste der Reihe versucht nun unter den anderen Schülern hindurchzukriechen und reiht sich danach vorne im Liegestütz an der Schulter des Ersten wieder ein. So geht es immer weiter, bis die Schüler das Zwischenziel an der 25m Markierung erreicht haben.

An der 25m Linie liegt nun ein Springseil. Die Gruppe muss nun versuchen 300 Seilsprünge in der Gruppe zu tätigen. Die Übung ist beendet, wenn der 300ste Sprung (die Gruppe zählt laut mit) vollendet ist und die Gruppe an den Händen sich haltend die 50m Ziellinie überquert hat.

Punkteverteilung:

Kooperation innerhalb der Gruppe (v.a. Teamwork und Seilsprung)

*	Gut bis sehr gut	5 Punkte
*	Mittel bis genügend	3 Punkt
*	Schlecht bis gar nicht	-5 Punkte

Unsportliches Verhalten -3 Punkte

(Es gibt nur eine Gruppenbewertung. Der einzelne kann das Ergebnis der Gruppe maßgeblich beeinflussen. Dies ist den Schülern vor Beginn des Wettkampfes nochmals klarzumachen).

Überquerung der Ziellinie ohne halten der Hände -2 Punkte

Überquerung der Ziellinie mit Halten der Hände 2 Punkte

Station 9: Evaluation

Als neunte Station erfolgte bei den Schülern eine Evaluation, auf die im folgenden Abschnitt eingegangen wird. Nach der Evaluation folgte noch ein Abschlussvortrag über Fairness, Kooperation und soziales Lernen durch den Jugendbeauftragten der Stadt, welchem die Schüler interessiert zuhörten. Eine Überreichung von Urkunden an die teilnehmenden Schüler durch den Rektor bildete den Abschluss des Projekttages.

Anlage B

Tagesprogramm

8.00h	Treffen aller 7ten Klassen in der Turnhalle der HS
8.05h	Einführung in den Tag durch A. Pfister • Erläuterung der Zielsetzungen • Darstellung wichtiger begriffe • Erklärung der Wichtigkeit des Tages
8.30h	Einteilung der Schüler in neun leistungsheterogene Gruppen nach dem Zufallsprinzip. Ablauf: Jeder SS zieht eine Zahl aus dem Bereich 1 bis X (=Zahl der SS). Anschließend erfolgt die Gruppenzuweisung. Jede Grupper erhält einen genauen Ablaufplan.
8.45h	Beginn der Fairness- und Kooperationsspiele nach Plan S.134
12.35h	Abschlussvortrag Polizei mit Schwerpunkt Jugendliche und Gewalt/Fairness/ Kooperation
13.00h	Ende der Veranstaltung

	Station 1	Station 2	Station 3	Station 4	Station 5	Station 6	Station 7	Station 8	Station 9
Gruppe	**8.50h**	9.15h	9.40h	10.05h	10.30h	10.55h	11.20	11.45h	12.10h
Gruppe	12.10h	**8.50h**	9.15h	9.40h	10.05h	10.30h	10.55h	11.20	11.45h
Gruppe	11.45h	12.10h	**8.50h**	9.15h	9.40h	10.05h	10.30h	10.55h	11.20
Gruppe	11.20	11.45h	12.10h	**8.50h**	9.15h	9.40h	10.05h	10.30h	10.55h
Gruppe	10.55h	11.20	11.45h	12.10h	**8.50h**	9.15h	9.40h	10.05h	10.30h
Gruppe	10.30h	10.55h	11.20	11.45h	12.10h	**8.50h**	9.15h	9.40h	10.05h
Gruppe	10.05h	10.30h	10.55h	11.20	11.45h	12.10h	**8.50h**	9.15h	9.40h
Gruppe	9.40h	10.05h	10.30h	10.55h	11.20	11.45h	12.10h	**8.50h**	9.15h
Gruppe	9.15h	9.40h	10.05h	10.30h	10.55h	11.20	11.45h	12.10h	**8.50h**

Anlage C

Laufkarte

Gruppe ___

Namen der Gruppenmitglieder:

Station	Bemerkung	Punkte
1		
2		
3		
4		
5		
6		
7		
8		
9		
Gesamtpunktzahl		

Anlage D: Evaluierungsbogen

○ männlich Alter: ____

○ weiblich

1. Was bedeutet für dich der Begriff Fairness?

2. Kooperation heißt Zusammenarbeiten! Wie könnte man es im Sportunterricht nach deiner Meinung erreichen, dass alle Schüler (sportliche und weniger sportliche) zusammenarbeiten und Spaß dabei haben?

3. Wie haben dir die Fairness- und Kooperationsspiele gefallen?

O Toll! Hoffentlich kommt so was mal wieder!

O Geht so! Fand es eigentlich ganz gut!

O Na ja! Nicht so toll!

O Gar nicht! Fairness und Kooperation interessieren mich nicht! Ich lebe nur für mich selbst!

4. Fairness und Kooperation ist in vielen Bereichen des Lebens (Schule, Sport, zu Hause...) gefragt! In welchen Situationen und warum würdest du dir mehr Fairness und Kooperation wünschen?

5. Vervollständige den Satz mit Hilfe deiner eigenen Einstellung nach diesem Tag:

Durch Fairness- und Kooperation kann ich

____

____

_____________________________.

4 Anlage E

Um hier nicht alle Lose in Reihe aufzulisten sei die Erklärung des Schemas an einem Bsp. dargestellt.
Vorraussetzung: 80 Schüler (Ausgegangen bei der Planung wurde mit einer Fehlrate von 10% = 8 Schüler. Daher wurde mit 9 8er Gruppen geplant (=72 Schüler).

Tatsächlich vorgefundene Bedingung am Durchführungstag waren 76 Schüler. Das bedeutete, dass 4 Gruppen 9 Teilnehmer haben würden.

- Ausgegangen wurde bei der Planung von 8er Gruppen.
- Tatsächlich werden fünf 8er Gruppen und vier 9er Gruppen gebildet

  ➔ daher auch die Zahlen 1 – 8

  ➔ bzw. die Buchstaben a – g

  ➔ bzw. die Farblichen Markierungen bei Zahl oder Buchstabe

Die Neunergruppen stellten kein Problem dar. Es wurden einfach vier weitere beliebige Lose (1-8,a-g, 4 Farben) in den Lostopf mit hereingenommen.

- Die SS wissen nicht nach welchem Schema zugelost wird.
- Der L. hat nun verschiedene stochastische Losmöglichkeiten:
  In eine Gruppe kommen nun z.B:
  ➔ Alle, die eine 1 gezogen haben
  ➔ Alle, welche die gleiche Farbe gezogen haben.
  ➔ Alle, die den gleichen Buchstaben gezogen haben
  ➔ . . .

Wichtig ist, dass auf keinem der Lose die Zahl mit dem gleichen Buchstaben oder der gleichen Farbe doppelt vorkommt.
Dies sei hier aus Umfangsgründen an zwei Beispielen aufgezeigt:

1a	2b	3c	4d	5e
6f	7g	8		

1a	2b	3	4d	5e
6f	7g	8h		

Anlage F (In der Durchführung vergrößert auf DiN A2!)

Sich in die Haut eines anderen versetzen

Oft können Konflikte besser gelöst werden, wenn wir die anderen besser verstehen. Versetze Dich in die Lage der Schüler in den folgenden Situationen:

	Welche Situationen aus dem Unterricht fallen Dir dazu ein?	**Was denkt der betroffene Schüler?**	**Was können wir tun?**
Der Letzte: Einer aus der Klasse wird immer als Letzter gewählt!			
Ausgelacht: Ein dicker Schüler purzelt vom Kasten			
Ausgeschlossen: Ein unbeliebtes Mädchen steht abseits.			
Ausgenutzt: Einer schleppt alleine die Matten			

(Quelle: www.sportpaedagogik-online.de)

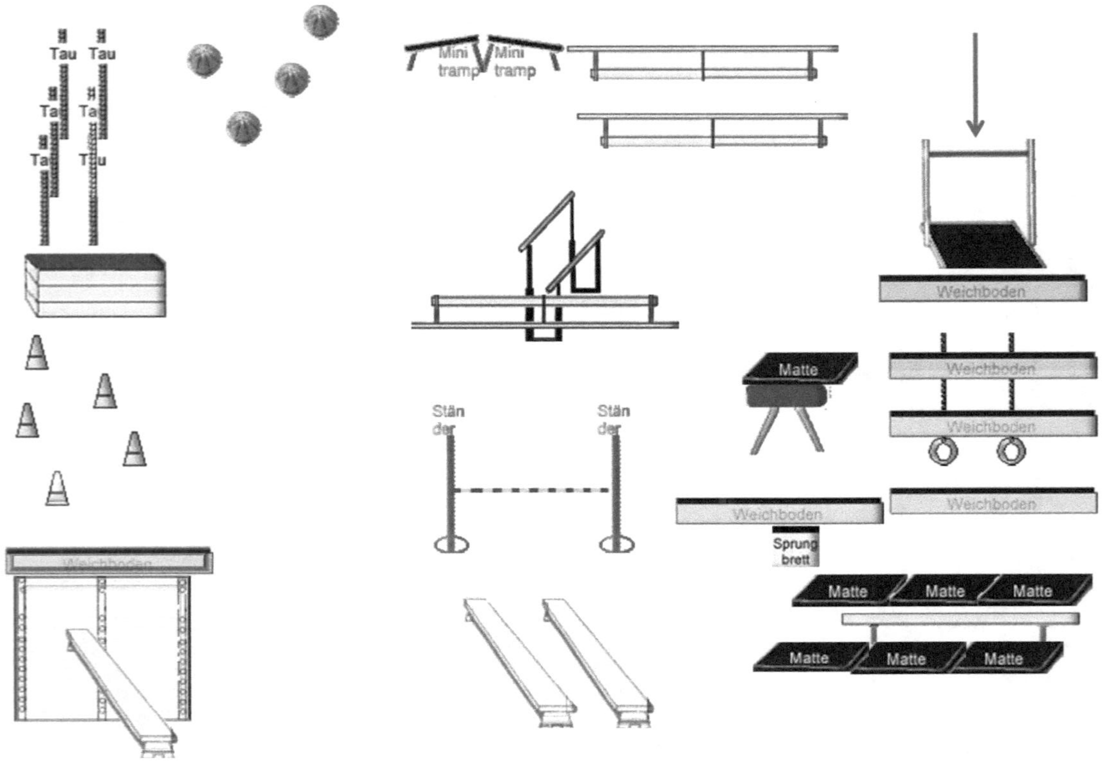

(Verändert aber in Anlehnung an www.sportpaedagogik-online.de)

Fairness- und Kooperationsurkunde

Für:

Der/Die oben genannte Schüler(in) hat sich bei den 1. Fairness- und Kooperationsspielen der HS XXXXX durch besondere Leistungen ausgezeichnet und mit seiner/ihrer Gruppe den 1. Rang belegt!

Alexander Pfister

Unterschrift   Schulleitung

Anlage I (Zeitungsbericht)

„1. Fairness- und Kooperationsspiele" der Hauptschule XXXXXXXX
Hauptschule XXXXXXXX gestaltete einen Projekttag zur Verbesserung der sozialen Kompetenz der Schüler

Initiiert durch das Lehrerkollegium der Hauptschule XXXXXXXX und geplant von Alexander Pfister traten 76 Schüler der Jahrgangsstufe 7 am vergangenen Mittwoch zu den „1.Fairness- und Kooperationsspielen" der Hauptschule XXXXXXXX an.

Auf dem Plan standen 10 verschiedene Stationen mit den thematischen Schwerpunkten „Regelgeleitetes Handeln", „Handeln in der Gemeinschaft" und „Sichern, Unterstützen, Helfen", die in 8 heterogenen Gruppen von den SchülerInnen zu bewältigen waren.

Praktisch umgesetzt ergab sich dadurch für die SchülerInnen ein breites Spektrum an Aktivitäten, angefangen bei Ballspielen, über Geschicklichkeitsspiele und verschiedene Parcours bis hin zu Sensibilisierungsschulungen durch die Sozialpädagogin.

Der auf Verbesserung der Sozialkompetenz angelegte Projekttag, dessen Evaluation durch die SchülerInnen durchweg positiv und mit Lob bewertet wurde, zeigte als resümierendes Ergebnis ein gemeinsames Bemühen der Jugendlichen, das neben den praktischen Anteilen auch in den psychischen Bereich (Wertschätzung, Verantwortung,...) wirkte.

Abschluss des Projekttages bildete ein Kurzvortrag von XXXXXXXX, der in seiner Funktion als Jugendbeauftragter der Polizei auch für weitere Fragen der SchülerInnen zur Verfügung stehen wird.
Bei der Verleihung der Urkunden durch den Rektor der Hauptschule Herrn XXXXX bemerkte man deutlich den Stolz, den die Jugendlichen für ihre Leistung empfanden.

Allen beteiligten Lehrkräften, die zum Gelingen des Tages beigetragen haben, sei an dieser Stelle ein herzliches Dankeschön ausgesprochen.

ap

Gesamtliteraturverzeichnis

ARNOLD, U./MAELIKE,B. (Hrsg.) (2008): Lehrbuch der Sozialwirtschaft, 3.Auflage, Nomos Verlag,

BAYERISCHES GESETZ ÜBER DAS ERZIEHUNGS- UND UNTERRICHTSWESEN (BayEUG) in der Fassung Bekanntmachung vom 31. Mai 2000 (GVBl S. 414, ber. S. 632, BayRS 2230-1-1-UK), zuletzt geändert durch Gesetz vom 22. Juli 2008

BERGER, P. & T. LUCKMANN (1967). *The Social Construction of Reality.* New York, NY: Anchor (in Deutschland (1987): *Die Gesellschaftliche Konstruktion der Wirklichkeit. Eine Theorie der Wissenssoziologie.* Frankfurt a. M.)

Blumenthal, Ekkehard (1993): *Kooperative Bewegungsspiele 2., erweiterte Auflage.* Schorndorf, Verlag Karl Hofmann

BÖTTCHER, J.U. (1999): Sponsoring und Fundraising für die Schule-Ein Leitfaden zur alternativen Mittelbeschaffung, Verlag Luchterhand, Neuwied

BÖTCHER, J.U. (2004): Vortrag: Fundraising für die Praxis im Rahmen Frühjahrs-aktion „Gesunde Schule 2004“ S.8 gesichtet am 07.05.2009 auf: www.bosch-stiftung.de/content/language1/downloads/Gesundheitsfoerderung_Schule_Fundraising.pdf

BÖTCHER, J.U. (2006): Geld liegt auf der Straße-Fundraising und Sponsoring für Schulen, Schulmanagement konkret, Band 6, Wolters Kluver, München

BÖTTCHER, W./MEETZ, F. (2007): Fundraising und Sponsoring an deutschen Schulen , in: Pfundtner, R.,(Hrsg): Grundwissen Schulleitung, Verlag Luchterhand , Köln, Neuwied, S.309 – 326

BONSEN, Martin/ BÜCHTER, A. (2005): Studienbrief SEM0910: Sozialwissenschaftliche Forschungsmethoden für Schulevaluation, Kaiserslautern

BONSEN, Matthias. zur /MALEH C. (2001): Appreciative Inquiry. Der Weg zu Spitzenleistungen, Beltz-Verlag Weinheim und Basel, S.77

BONSEN, Matthias (2006): Appreciative Inquiry - der positive Weg der Veränderung, in Hans Wielens, Paul J. Kothes (Hrsg.): Raus aus der Führungskrise-Innovative Konzepte integraler Führung, J. Kamphausen Verlag & Distribution GmbH

BREITEN, WALDEMAR (1997): Sachlich-personal-sozialer Unterricht. Zu den schulpädagogischen Herausforderungen der Gegenwart. In RUDI KRAWITZ (Hrsg.), *Bildung im Haus des Lernens* (109-128). Bad Heilbrunn

BURNET, K. (2002): Relationship Fundraising: A Donor Based Approach to the Business of Raising Money, Jossey-Bass San Francisco

COOPERRIDER, D.L., (1990). Positive Image, Positive Action: The Affirmative Basis of Organizing. In: SRIVASTVA, S. & D. L. COOPERRIDER (Hrsg.). Appreciative Management and Leadership. San Francisco: Jossey-Bass. S. 91-125

COOPERRIDER, D.L., (1996). Resources for Getting Appreciative Inquiry Started: An Example OD Proposal. Organization Development Practitioner, (28), 1 & 2:23-33

COOPERRIDER, D. L. & S. SRIVASTVA (1987). *Appreciative Inquiry in Organizational Life*. Research in Organizational Change and Development, (1), 1, S. 129-169

COOPERRIDER, D. L., P. F. SORENSEN, JR., D. WHITNEY & T. F. YAEGER (2000). *Appreciative Inquiry. Rethinking Human Organization Toward a Positive Theory of Change*. Champaign, IL: Stipes.

COOPERRIDER, D. L. & D. WHITNEY (2000a). *A Positive Revolution in Change: Appreciative Inquiry*. In: COOPERRIDER, D. L., P. F. SORENSEN, JR., D. WHITNEY & T. F. YAEGER (Hrsg.). *Appreciative Inquiry. Rethinking Human Organization Toward a Positive Theory of Change*. Champaign, IL: Stipes.S. 3-27

COOPERRIDER, D. L., WHITNEY, D., STAVROS J.M. (2008): Appreciative Inquiry Handbook: The First in a Series of AI Workbooks for Leaders of Change

COOPERRIDER, D. L., WHITNEY, D., (2009): Appreciative Inquiry: A New Story of Positive Change for Business and World Benefit, John Wiley & Sons Inc.

DKJS (Hrsg.):Fundraising als Herausforderung und Chance für Schulen und ihre Kooperationspartner, Arbeitshilfe 10, Berlin 2008.

DÖRFLER, V. (2007): Dienstleistungsbetrieb Schule: Konsequenzen für das päda-gogische Management, Verlag Martin Meidenbauer, München

DUBS, R. (2005): Führung einer Schule: Leadership und Management, Verlag SKV Zürich

EUROPEAN COMMISSION (2008): Engaging Philanthropy for university research. Luxembourg

FABISCH, N. (2006): Fundraising. Spenden, Sponsoring und mehr.... 2. Auflage. Deutscher Taschenbuch-Verlag, München

FISCHER K./ NEUMANN, A. (2003): Multi-Chanel-Fundraising: Clever Kommu-nizieren, mehr Spender gewinnen, Gabler-Verlag, Wiesbaden, 1. Auflage, S.23

Frey,A & Balzer,L (2003): in: Empirische Pädagogik 2003,17(2) S.148-175 : Soziale und methodische Kompetenzen – der Beurteilungsbogen smk

GERGEN, K. J. (1978). *Toward Generative Theory.* Journal of Personality and Social Psychology, (36), S. 1344-1360

GRIEGER, G. (2001) Appreciative Inquiry – Wertschätzende Organisationsent-wicklung, Online-Publikation, www.active-books.de

GRÖßING, STEFAN: *Einführung in die Sportdidaktik* (7. Aufl.). Wiesbaden 1997.

GOLEMBIEWSKI, R. T. (2000). *Three Perspectives on Appreciative Inquiry.* Organization Development Practitioner, (32), 1, S. 53-58

GREGORY, A. / LINDLACHER, P. (2004): Fundraising, 3. Auflage, AG SPAK, Neu-Ulm

HAIBACH, M. (2006): Handbuch Fundraising – Spenden, Sponsring, Stiftungen in der Praxis, Campus-Verlag, Frankfurt am Main und New York

HEINEMANN, K.(1998): Einführung in die Soziologie des Sports (4. Auflage). Schorndorf: Hofmann. (S. 157-173).

HERMANS, A./ MARWITZ C. (2008): Sponsoring- Grundlagen, Wirkungen, Management, Markenführung, 3. Auflage, Verlag Franz Vahlen, München

HOLTAPPELS, H.G. et al. (Hrsg.) (2004): Jahrbuch der Schulentwicklung Band 13. Weinheim/München, S.13-50

HURRELMANN, KLAUS u.a.(1999): Gewalt in der Schule.Ursachen – Vorbeugung – Intervention Weinheim; Basel: Beltz

JEHLE, P., LEBKÜCHER, A., SEIDEL, G. (1994). Ursachen berufsbezogener Ängste von Lehrerinnen und Lehrern aus Lehrersicht. In: Zeitschrift für internationaleerziehungs- und sozialwissenschaftliche Forschung 11(1), S. 141-164.

JERUSALEM, M./ HOPF, D. (Hrsg.): Selbstwirksamkeit und Motivationsprozesse in Bildungsinstitutionen. Zeitschrift für Pädagogik. Beiheft 44, Weinheim, 54-82.

KANDERS, M. (2004): IFS-Umfrage: Die Schule im Spiegel der öffentlichen Meinung. Ergebnisse der 13. Repräsentativbefragung der bundesdeutschen Bevölkerung. In: Holtappels, H.G. et al. (Hrsg.): Jahrbuch der Schulentwicklung Band 13. Weinheim/München, S.13-50

KRAPP, A./ RYAN, R.M. (2002): Selbstwirksamkeit und Lernmotivation. Eine kritische Betrachtung der Theorie von Bandura aus der Sicht der Selbstbestimmungstheorie und der pädagogisch-psychologischen Interessenstheorie. In: JERUSALEM, M./ HOPF, D. (Hrsg.): Selbstwirksamkeit und Motivationsprozesse in Bildungsinstitutionen. Zeitschrift für Pädagogik. Beiheft 44, Weinheim, 54-82.

LADENTHIN, V. (Hrsg.) (2008): Mit „Wertschätzendem Erkunden" Ihre Schule weiterentwickeln. In: Schulleitung intern, 2008, Themenheft: ergebnisorientiert und effizient moderieren, S.9

LANDWEHR, N. / STEINER, P.(2001) : Grundlagen der externen Schulevaluation. Verfahrensschritte, Standards und Instrumente zur Evaluation des Qualitätsmanage-ments; NW EDK Sept. 2001

LUKESCH, H. (2000). LehrerInnenaengste [PDF] (http://rpss23.psychologie.uniregensburg.de/download/lehre/always/lehrerInnen_aengste.pdf) (Stand: 4.11.2002), gesichtet am 01.02.2009

LUTHE, Detlef (1997): Fundraising – Fundraising als beziehungsorientiertes Marketing – Entwicklungsaufgaben für Nonprofit-Organisationen, Augsburg

LUTHER, DOROTHEA (1998): *Integrative Werteerziehung in Schule und Unterricht*. Regensburg

MALEH, C. (2001): Appreciative Inquiry-Bestehende Potenziale freilegen und für die Organisation nutzbar machen, Erschienen in: Zeitschrift für Organisationsentwicklung, Heft 01/2001, Seite 32 – 41

MALEH, C.(2002): Arbeiten mit Großgruppen - Appreciative Inquiry (AI), in: Trainer-Kontakt-Brief, Heft 12/2002

MINISTERIUM FÜR BILDUNG, WISSENSCHAFT, FORSCHUNG UND KULTUR (Hrsg) (2003): Schulsponsoring – ein Leitfaden für Schulen, Schulträger und Schulförderer, Kiel

PETERS, M. (2008): Geld für ihre Schule, Verlag an der Ruhr, Mühlheim an der Ruhr

PETILLON, HANNS (1993): *Soziales Lernen in der Grundschule*. Anspruch und Wirklichkeit. (Themen der Pädagogik). Frankfurt am Main

PFISTER, A. (2006): Die Lehrprobe- Eine Handreichung für Referendare, Ibidem Verlag

PFUNDTNER, R., (Hrsg) (2007): Grundwissen Schulleitung, Verlag Luchterhand , Köln, Neuwied,

PRESKILL, H. & COGHLAN A. T. (2004): Appreciative Inquiry in Evaluation: New Directions for Evaluation, Jossey-Bass

PÜHSE, UWE (1990): *Soziales Lernen im Sport.* Ein Beitrag zur sportpädagogischen Lernzieldiskussion. Bad Heilbrunn

PURTSCHERT, R. (2005): Marketing für Verbände und weitere Nonprofit-Organisationen, Verlag Haupt, Bern-Stuttgart-Wien

REIS,R./ REISNER, B./ SCHWARZ, G.(2001): Marketing für Schulen, öpv&hpt Verlag, Wien

RIEGEL, E. (2007): Öffentlichkeitsarbeit oder: Der Zusammenhang von innerer und äußerer Öffentlichkeit, in: Pfundtner, R.,(Hrsg): Grundwissen Schulleitung, Verlag Luchterhand , Köln, Neuwied, S.281 - 293

ROSSO, H. & Associates (2003): Hank Rossos Achieving Excellence in Fund Raising. Jossey-Bass, San Francisco

SCHÖNIG, C. (2001): Internes Marketing in Verbänden, Dissertation, Freiburg

SCHRATZ, M. (2001): Pädagogisches Leadership (Studienbrief), Kaiserslautern: Zentrum für Fernstudien und universitäre Weiterbildung

SCHULORDNUNG für die Grund- und Hauptschulen (Volksschulen) in Bayern in der Fassung vom 11.September 2008

SCHÜTZ, A. (1970). *On Phenomenology and Social Relations.* Chicago: University of Chicago Press

SEYBOLD, L. (2008): „Ihr Input bitte! "in: Focus Online vom 02.12.2008

SENGE, P. M. (1999). *Die fünfte Disziplin – die Lernfähige Organisation.* In: FATZER, G. (Hrsg.). *Organisationsentwicklung für die Zukunft.* Köln: EHP, S. 145-178

SIMONIS, K.E. (2001): Organisation: Potential für Unternehmen und Verbände in: Krey, K./ Schmitz-Simonis, K.E., Strötgen, J. (2001): Verbände im Wandel,Köln

STAUSS, B./BRUHN,M. (Hrsg) (2008): Dienstleistungsmarken, Gabler Verlag, Wiesbaden

STEG HAMBURG (Hrsg.) (2007): Fundraising macht Schule: Ein Leifaden der Mittelaquise für Schulen und deren außerschulischen Partner zur Unterstützung eines Gantagsschulprogramms, gesichtet am 17.05.2009 unter: http://www.stiftung-nordlb-oeffentliche.de/fileadmin/jobob/StiftungsBilder/Downloads/Paper_Fundraising.pdf

STENSCHKE, S. / STRUCKMEIER-BECKER, D.. Fundraising, gesichtet am 17.05.2009 unter http://www.stiftung-nordlb-oeffentliche.de/fileadmin/jobob/StiftungsBilder/Downloads/Paper_Fundraising.pdf

UNGER, A. (2007): Die Sterntaler von Kassel, in: Die Zeit vom 21.06.2007, gesichtet im Internet www.zeit.de/2007/26/C-Sponsoring am 11.05.2009

URSELMANN, M.: Erfolgsfaktor Fundraising-Planung, in: Fundraising-Akademie (Hrsg.) 2001, S. 485-497

URSELMANN, M. (2002): Fundraising. Erfolgreiche Strategien führender Nonprofit Organisationen. Bern/Stuttgart/Wien: Paul Haupt, S.21

URSELMANN, M. (2009): Fundraisinginstrumente der Zukunft, in: GFS Fundraising & Marketing GmbH (Hrsg.): Fundiert-Neues aus der Welt des Fundraising, Jahrgang 11, Ausgabe 1, März 2009, S.8ff.

VACCARO, D. (2007) Evaluationsbezogene Lehrerängste und ihre potenzielle Bedeutung für die Akzeptanz externer Evaluation (Eine qualitative Studie) in: Schulleitung heute 1/07 vom 29.5. 2007

VILAIN, M. (2006): Finanzierungslehre für Non-Profit Organisationen – Zwischen Auftrag und ökonomischer Notwendigkeit, 1. Auflage, Vs-Verlag, Wiesbaden

WATKINS, J. M. und BERNARD J. M. (2001): Appreciate Inquiry: Change at the Speed of Imagination. New York: Wiley

WERNING, Rolf (2003): Soziale Auffälligkeiten, in: Lernchancen 33/34, S.2ff

WOPP, CHRISTIAN (1999): Lebenswelt, Jugendkulturen und Sport in der Schule. In **WERNER GÜNZEL & RALF LAGING (Hrsg.)**, *Neues Taschenbuch des Sportunterrichts*. Band 1 (342-359). Baltmannsweiler

WILLEMS, H. (2004): Erving Goffmans Forschungsstil in: Flick,U./ Kardorff, E./ Steinke, I.(Hrsg.): Qualitative Forschung – Ein Handbuch, 3. Auflage, Verlag Rowohlt, Hamburg

Sonstige Zeitschriften/ Zeitungen:

Empirische Pädagogik 2003,17(2) S.148-175 : Frey,A&Balzer,LSoziale und methodische Kompetenzen – der Beurteilungsbogen smk

Lernchancen 33/34 (2003), S.2ff: Werning, Rolf

Süddeutsche Zeitung: Stress im Klassenzimmer vom 14.05.2003

LERNCHANCEN: Werning, Klaus 33/34

Internetadressen/Sonstiges:

Lehrplan für die Hauptschule **auf www.isb.bayern.de**

Kommentar zum Hauptschullehrplan, 22.51, S.3 – S.5 in: Carl-Link Vorschriftensammlung, 13. Lieferung, Punkt 22.51

Erklärung von Monika Hohlmeier
http://www.stmuk.bayern.de/km/asps/presse/presse_anzeigen.asp?index=4 38

Interview Richard Waizäckers
Interview in der ARD „Tagesschau" am 14.08.1993 auf die Frage nach dem Fairnessbegriff

Audio- Literatur:

KÄSTNER, ERICH (2003): Es gibt nichts Gutes, außer man tut es, Audio CD`s, Hofmann&Kampe

***ibidem*-Verlag**

Melchiorstr. 15

D-70439 Stuttgart

info@ibidem-verlag.de

www.ibidem-verlag.de
www.ibidem.eu
www.edition-noema.de
www.autorenbetreuung.de

Zeitfracht Medien GmbH
Ferdinand-Jühlke-Straße 7
99095 Erfurt, Deutschland
produktsicherheit@kolibri360.de